日本水商売協会

――コロナ禍の「夜の街」を支えて

甲賀香織
Kohga Kaori

ちくま新書

1640

日本水商売協会——コロナ禍の「夜の街」を支えて【目次】

はじめに

　四二億円。これは、新型コロナウイルス感染症が流行したこの一年半に、「日本水商売協会」がキー局のテレビ番組で取り上げられた七五本の露出を、広告費換算した金額だ（二〇二〇年四月〜二一年一二月。ニホンモニター株式会社調べ）。「接待を伴う飲食店」「夜の街」と、新型コロナウイルスの流行と接待飲食店との関連性が連日取り上げられることで、メディアの目が一斉にこっちを向いた。ローカル番組、新聞、雑誌、ラジオ、ウェブメディアも合わせると四〇〇回以上取り上げられ、多くの人に我々の存在を知っていただく機会になった。それほど、協会には連日取材が殺到していた。

　現場では何が起こっているのか、はたまた、そこから派生した差別の一端について、たくさんの質問を受けた。クラブ・キャバクラ・スナック・ショーパブなどのいわゆる接待飲食業は、その実態がヴェールに包まれているからこそ、人々の興味を引き付ける。一方、見えにくいからこそアンダーグラウンドなイメージが付きまとう。新型コロナウイルスの感染拡大という禍《わざわい》がなければ、誰に知られることもなく、この業界に課されてきた理不尽なルールも、世間からの偏見も、ここまで露呈することはなかったかもしれない。しかし、それが露呈した今だからこそ、我々が新たな一歩を踏み出すタイミングにもなると考えている。

一般社団法人日本水商売協会は、日本の水商売業界＝接待飲食業界全体を底上げし、また活性化するべく活動する業界団体である。このコロナ禍で、接待飲食業界と世間をつなぐ翻訳者のような役割を果たし、業界の事情を解説し社会に届けていた。逆もまたしかりで、わかりにくい政治や世論の動向を、水商売業界がより良い選択をできるよう、業界関係者に情報を提供してきたつもりだ。

この間の数々のメディア出演、取材対応によって、接待飲食業界の皆様から「私たちの思いを代弁してくれてありがとう」「闘ってくれて勇気が湧いた」と感謝の言葉をいただいた。これまでの接待飲食業界では、何か理不尽なことがあっても、真正面からの反論はせずに目を背けて従うことが美徳とされていた。コロナ禍以前から、我々の良識による判断も、悪意による判断も、一緒くたに悪い方向に解釈されてきた。そして、それが仕方のないことだとあきらめていた。そのために、接待飲食業は長きにわたる負のスパイラルから抜けだすことができなくなっていた。

しかし今、社会は、自分たちが無意識のうちに偏った見方をしていたかもしれないという事実に気がつき始めている。我々に課されていた理不尽なルールや偏見が、コロナ禍をきっかけに明らかになり、さまざまな働きかけを通して是正される例が出てきた。こうして公平に修正されたルールや考え方を、この事態が収束した後も機能させ、正のスパイラルに入っていくことができるはずだ。

私は二〇一八年に日本水商売協会を設立し、代表理事を務めている。

この協会を立ち上げた理由の一つは、ナイトビジネスを経営する経営者と、ナイトワークで働く女性双方を支援することにある。我々が「水商売」として定義している接待飲食店は、社会から色眼鏡で見られることが多く、さまざまな課題・問題を抱えている。この諸問題を解決し、水商売が一般企業と同じビジネスとして認められること、そして、そこで働く女性たちが一般市民と同じ扱いを受けられるようにすることが、設立の大きな目的である。

同時に、接待飲食業における全国のそれぞれの地域、それぞれの業態と一体となることで、業界全体の市場規模の拡大を狙っている。

これらは、店舗経営者のための組織でもなく、労働者組織でもなく、第三者である我々だからこそ実現できることなのだ。

そして、我々日本水商売協会は、あえて自ら「水商売」というワードを協会名に用いている。「水商売」という名称の語源は、諸説あるが、いずれも差別的な意味合いを含んでいるとされている。しかし、この名称には、わかりやすさを優先すると同時に、言葉の持つネガティブなイメージすら払拭するような業界へと成長させていこう、という想いが込められている。日本水商売協会は、水商売業界の規律であり、良心でありたい。

水商売の店舗、働く女性、顧客、社会。我々は、この四方向のWin-Winを実現するために活動を行っている。水商売のビジネスが健全に活性化することは、日本社会にとって大きなプラスになると考えているのだ。

最後に、本書の概要を簡単に説明する。

第一章では、コロナ禍で水商売業界が置かれた実情と、協会の闘いとを記し、第二章で業界の現状について解説している。第三章では、風営法のおかしな部分や社会での差別的な扱いについて、第四章ではそこで働く方々の個々の人生を通して業界の魅力を語っている。第五章では、我々が考えている、今後の業界のあるべき姿についてお伝えしたい。

本書を、接待飲食業界と業界を取り巻く状況への理解を促し、自らの襟を正すきっかけにしたいと考えている。そして、社会の皆様にとって、理不尽な状況の改善に向き合っていただく機会となることを願う。

第一章

水商売業界を襲った新型コロナウイルス

1 日本水商売協会代表理事、自民党本部へ行く

†政治への働きかけの始まり

二〇二〇年四月九日。

エレベーターを降りた廊下の先から、一斉にフラッシュが焚かれた。下から上まで、廊下の幅一面が光で埋め尽くされ、カメラマンの姿さえ見えない。

私は想定外のその状況に内心面食らったし、自分に与えられた役割の重大性に鳥肌がたった。

「接待飲食業を除外しないでください」。

私の発言と共に、また焚かれるフラッシュ。

その日私は、銀座の老舗クラブ「ル・ジャルダン」の望月明美《もちづきあけみ》オーナーママ、同じく銀

座「昴」の髙田《たかだ》律子《りつこ》オーナーママ、歌舞伎町最大店舗数のホストクラブ「グループダンディ」の幹部、巻田《まきた》隆之《たかゆき》さん、ホストクラブ「SMAPPA!!」グループのオーナーであり、新宿社交料理飲食業連合会の役員でもあった手《て》塚《づか》マキさん、六本木の老舗クラブ「ミトス」グループの西村《にしむら》一雄《かずお》オーナー、この面談を段取りしてくださった日本水商売協会相談役であり、歌舞伎町ジャーナリストとして活動する寺谷《てらたに》公一《こういち》さんらと共に、永田町にいた。

自民党本部を訪れ、飲食接待業の助成除外を廃止するよう求める甲賀香織（4月9日）。

自民党本部七階の会議室。ここが、我々日本水商売協会が政治に働きかけを行う最初のきっかけとなった場所である。

そこで我々は、自分たちに有利な制度の要求をしたのではない。一般企業、一般市民と同じように、納税などの義務を果たしている企業や人には、同じ権利を与えてほしいという、ごく当たり前な主張をしに行った。

†「風俗業は助成の対象外」

事の発端は、二〇二〇年四月三日。加《か》藤《とう》勝《かつ》信《のぶ》厚生労働大臣（当時）の「雇用関係の助成金全般で、風俗業関連は支給しないことになっており、休業対応の支援金も同様の扱いとなっている。現在、その取扱いを変える考えはない」という発言だ。

新型コロナウイルスの感染拡大により、同年四月七日、初めての緊急事態宣言が出された日本では、全国で一斉休校の措置がとられた。そのため、特に小学生の子どもがいる保護者は、子どもの面倒を見るために仕事を休む、という事態となった。そこで急遽、個人事業主に対して「保護者助成制度」という助成金が支給されることになったのである。

しかし、この休業支援制度が発表された当初、そもそも風俗業が排除をされていた。それに対して性風俗支援団体のＳＷＡＳＨらが反発し、四月二日、不支給要件の撤廃を求めて要望書を厚労省に提出した。

冒頭の加藤厚労相の発言は、支援団体の要望を受けた翌四月三日の会見で、ＮＨＫのカメラに向かって行われたものである。

†風俗営業は公序良俗に反するのか？

加藤厚労相の発言では、「風俗業関連不支給の要件を撤回するつもりはない。反社会勢力と風俗業は支援にそぐわない」とのことだった。休業支援制度の対象から接待飲食業や性風俗に従事する人々は除外され、その理由は、公序良俗に反するためという主旨だった。「公序良俗」とは、公（おおやけ）の秩序と善良な風俗のこと。あるいは、社会的な妥当性が認められる道徳観のことである。「公序良俗に反する」とは、一般的に反社会的勢力などとの取引などに対して使われるものだ。

しかし、考えてみてほしい。風営法第四条三には反社会的勢力の団体や個人及び関係者には風俗営業の許可を交付しないとあるのだ。つまり、行政が風俗営業の許可をするということは、反社会的勢力関係ではないという判断をしているのと同じではないか。にもかかわらず、接待飲食業や性風俗に従事する人々を「公序良俗に反する」とし、その定義を自ら覆している。これは、矛盾以外の何ものでもない。「公序良俗」の範囲は広く曖昧で、行政にとって、非常に都合の良い言葉として使われているのではないだろうか。

このように、水商売の分野では特に、行政に都合良く融通の範囲が変わってしまう。風俗営業の許可を取っているにもかかわらず、反社会的勢力と同じ括りにされてしまうという現実が、ここで露呈した。

一方で、「風俗業とはなにか」が曖昧だという現実も明らかになった。当初不支給となっていた風俗業の対象範囲は広く、パチンコやライブハウス、むろん接待飲食業、そして性風俗関連も含まれている。厚労省や都庁も、〝風俗〟とは何を表しているのかの定義が曖昧なままのざっくりとした発言が多く、そのことによる混乱もあったと思われる。

†思惑の一致

この件に関しては複数の団体が要望書を提出するなど批判の声が上がり、国会等でも問題になった。菅義偉《すがよしひで》官房長官（当時）は、四月六日の衆議院決算行政監視委員会で「助成金の運用については、厚生労働省で検討していくが、政府として、支給に関する要領の見直しを検討したい」と述べ、風俗業で働く人も対象とする方向で検討する考えを示した。

一見、これで不支給要件が撤廃されたかのようにも受け取れるが、実際には「ひとまず、人権的な観点から個人への支援は平等に」ということで、事業者への平等な支援という方向ではなかった。

この時点で、自民党は困っていたようだ。世論の反発を受け、訂正の必要性を感じていたものの、「支援を平等に」と訴える組織の要望書は野党に流れ、自民党宛てに届けられたものはなかったという。自民党が民意を受けて動いた形にしなければ、体裁が良くないとでも考えていたのではないか。そんななかで、調整のすえ双方の利害が一致。自民党政務調査会のPRにも一役買う役回りで白羽の矢が立ったのが、署名活動を展開していた我々日本水商売協会だったのだ。

水商売業界は、「あえて除外」という行政の対応が、他の助成金、補助金、融資にも影響を及ぼすことに戦々恐々としていた。今まで頼りにもしていなかった助成金すら命綱となるくらい、緊急事態宣言による突然の休業は店舗にダメージを及ぼしていたのだ。

今後の風俗業への助成を確保したい我々日本水商売協会と、直接要望を受けたという形で風俗業の助成に乗り出したい自民党。こうして、自民党のリリースにより、記者たちが集まった。

2 要望書を提出する

†オンライン会議

さかのぼって二〇二〇年三月三〇日。小池百合子《こいけゆりこ》東京都知事は新型コロナウイルス感染症対策についての緊急記者会見を行った。この席で小池都知事は「（前略）若者の皆様には、カラオケ、ライブハウス。そして中高年の方々については、バーやナイトクラブなど、接待を伴う飲食店などに行くことは当面お控えいただきたい（後略）」と述べ、「夜の街」が感染拡大の温床になっていると業界を名指しで指摘した。

この記者会見の翌日から、銀座の街はほとんどの店が休業した。四月七日の緊急事態宣言と共に、どの地域でも、どの業態でも完全に店は休業に追い込まれることになる。

このとき、「日本水商売協会」を設立してから二年目だった。急激に変わってしまった業界のために、自分たちができることは何か。初めての緊急事態宣言下の四月、小池都知事の発言を受け、我々協会運営メンバーは臨時のオンライン会議で話し合いを行った。

・助成金などから業界を排除しないよう、署名を集めること
・業界の現状に即したコロナ対策ガイドラインを作ること。

大きくはこの二つが、日本水商売協会が緊急で行うべき活動として挙がった。

しかし、私は署名活動を行ったこともなければ、ガイドラインの作成をしたことも、当然ながらなかった。どちらも、多くの人々を巻き込む必要がある活動。そのときの私には、とてつもなく壮大な計画のように感じられた。

そんななか、江東区議でもあり協会の相談役の三次《みつぎ》ゆりか議員がオンライン署名活動の具体案を提案してくれ、業界のトップインフルエンサーである元キャバ嬢の愛沢《あいざわ》えみりさんが、ガイドライン作成に関して全面的に協力をしてくれることになった。

その他にも、ここでは紹介しきれないほど多くの方々の協力をいただいた。そして、業界の危機感や関心の高さもあって、わずか四日で七〇〇〇件の署名が集まったのだ。そして、当時の自民党政調会長、岸田《きしだ》文雄《ふみお》氏に対して、業界のキーマンらと共に要望書を提出しに行くことになった。それが、本章の冒頭のシーンにつながっていくのである。

†自民党本部での話し合い

会談の場での持ち時間は三〇分であった。写真撮影後、カメラには全員退室してもらい、会談が始まる。オフレコの場で、各地域、各業態からのリアルな現状、窮状を訴えていった。ホスト業界に関しては、「働いている皆が納得する形でなければ、上から指示を出すことなんてできない」という意見が出た。六本木や銀座のクラブオーナーらは、店舗の家賃が非常に高額であるために家賃の補助ができないかと訴えた。そして、働く女の子への補償は必須であり、それがなければ結局は店以外の場所で（個人的に）働いて稼ぐことになるということも伝えた。「高額な税金もちゃんと払って真面目に経営をしてきたのに、肝心な時には除外されるなんて、あんまりですよ」という悲痛な声もあった。

このように、接待飲食業界の核にいる方々には、その後問題になる内容のほとんどは、緊急事態宣言による休業が始まった当初からわかっていたのだ。

このとき、岸田政調会長が、「制度を変えても、現場できちんと実施できるかどうかが心配だ」と言っていたことが印象的だ。これは、風俗業が長きにわたり、補助金や助成金、制度融資などから除外されることが当たり前であった歴史を示唆し、また、行政がルーテインから外れる業務への対応力が弱いということへの危惧であったのだろう。
この会談を経て、我々が署名を集めた要望書を提出した。要望書は以下のとおりである。

令和2年4月9日

自由民主党　政調会長　岸田文雄様
自由民主党　政調会長代理　柴山昌彦様

日本水商売協会　代表理事　甲賀 香織

要望書

新型コロナ惨禍に伴う政府が行う緊急支援において、関連する省庁の各施策は接待飲食業（風俗営業）を除外しないよう要望致します。

新型コロナウイルスによって、国民の経済活動は今、甚大な縮小を余儀なくさせられています。

政府は、こうした国民に等しく支援をすることを表明していますが、我々接待飲食業をはじめ、ナイトエコノミーと呼ばれてきた多くの風俗産業は、暴力団と並列して雇用関係助成金の不支給対象（4月7日　厚労省が改めることを発言）、制度融資における保証対象外（中小企業庁）など、厚生労働省、経産省等支援施策において除外されております。

日々刻々と変化する情勢下、政府による施策の追加、修正は加速度的に拡大しており、国民の一員として大変感謝はしておりますが、一方、これまで各補助施策から除外されてきた風俗産業は、その詳細がつかめず不安を感じています。

そこで、この度、以下の施策改善を要望するとともに、誤解や混乱を招かないよう丁寧な発信をお願いしたく、要望書を提出致します。

①雇用関係助成金は、何業を問わず、国民一人一人が等しく受けられるべきと考えます。
接待飲食業においても雇用契約で働く従業員がおります。暴力団と並列して風俗営業を雇用関係助成金の不支給対象としてきた等、厚労省の運用指針の撤回を要望致します。

（※政府は「支給要件を見直す」（菅官房長官）

https://mainichi.jp/articles/20200406/k00/00m/010/099000c
（ア）と発信されておりますが、再度風営法に規定された許可業態の除外なきよう要請致します。）
②セーフティネット保証5号指定業種では、飲食を主としない風俗営業の除外とありますので、これの改善を求めます。
③いわゆる制度融資における、中小企業庁所管の信用保証協会において風俗営業全般が対象外となっていますので、この改善を求めます。
④日本政策投資公庫の融資運用基準が不明瞭ですので、風俗産業を除外しない、と明確にしていただきたいです。

（イ）③④は特に重要です。新型コロナ感染症の終息がいつなのか、現時点では予測は困難です。そこで、延命出血をしつつ事業を持続するのか、一旦廃業し終息後に再起をかけるのか、経営者ごとに事情は違うものの、現在非常に難しい経営判断を強いられています。

延命出血をしつつ事業を持続するにも、終息後に再起をかけるにも消耗した経営体力で果たして可能なのかどうか、いずれにせよ、こうした不安を解消する手段の一つとして、いわゆる制度融資における接待飲食業の地位を、差別することなく一般の中小企業と同等に扱っていただくよう要望致します。

⑤緊急非常事態宣言下に各自治体が休業補償施策として持続化給付金（中堅・中小企業は上限200万円、個人事業主は上限100万円の現金給付）を行うと報道されています。接待飲食業は中小企業、ホステス・ホストは個人事業主です。この施策から除外されないようお願い致します。

⑥緊急非常事態宣言下、自粛要請された事業者の休業時の家賃減免または徴収停止を不動産事業者に要請してください。

（ウ）家賃の減免や徴収停止に応じたビルオーナーの固定資産税減免などで調整が

可能なのではと考えます。

⑦コロナピークアウト後の緊急経済対策において、営業時間等風営法の各規制の緩和や公共交通機関の24時間化など、ナイトタイムエコノミーの推進施策を必ずお願い致します。

以上

一般社団法人 日本水商売協会
代表理事 甲賀 香織
〒160-0023 東京都新宿区西新宿7丁目17―14

以下

《発起人（連名）》

一般社団法人日本水商売協会　代表理事　甲賀香織

●銀座地域代表
クラブNanae　代表　唐沢菜々江
クラブ昴　代表　髙田律子
Club Lei　代表　大渕司・鳥栖美絵
ル・ジャルダン　代表　望月明美
CLUB AMOUR　代表　河西泉緒
有限会社カイザー　代表　頼朝
●六本木地域代表
㈱ミズ・コミュニケーション　代表　権藤和彦
チック・グループ　代表　川村　厚
瀬里奈グループ　代表　藤田雅憲
ミトス・グループ　代表　西村一雄
●歌舞伎町地域代表
㈱レジャラース
㈱ジーディー　COO　巻田隆之

冬月グループホールディングス㈱　代表取締役　城倉洋介
エアーグループ　代表　桜井　麗央
●その他
江東区議会議員　三次ゆりか
元北区議会議員　筆談ホステス　斉藤りえ

以上の要望書の内容のうち、風俗業内接待飲食業における①雇用調整助成金の不支給要件の撤廃、②③④政府系金融機関・信用保証協会による融資・保証の対象外業種の見直しの検討、⑤納税をしている個人事業主（ホステス・ホストら）への持続化給付金の支給と、全要望七つのうちの五つは即座に見直しの検討、実施がなされた。⑥の家賃問題に関しては未だに見直しの動きはなく、今もなお全国の店舗が空家賃の発生で苦しんでいる。⑦のコロナ後の風営法による営業時間制限の見直しなどは、引き続きの課題である。

岸田政調会長（当時）に要望書を提出した。

†風俗業への融資をめぐる攻防

四月九日の会談の時点で「検討」となった②③④政府系金融機関・信用保証協会による融資・保証の対象外業種の見直しについては、柴山昌彦《しばやままさひこ》政調会長代理（当時）預かりで継続検討とし、諸々のやり取りを経て以下のように変更された。

「新型コロナウイルス感染症に係る資金繰り対策の対象事業者を拡大する方針」

1. セーフティネット保証5号について、全業種を指定する
2. 政府系金融機関・信用保証協会による融資・保証の対象外業種の見直し

※運用開始日は早くて五月上旬頃を予定

（二〇二〇年四月二四日経済産業省ニュースリリースを要約）

セーフティネット保証とは、簡単にいえば、中小企業庁の資金繰り支援（貸付・保証）制度である。対象業種が限定されていたが、四月二五日、「506 7661 バー、キャバレー、ナイトクラブ」を含むすべての業種にも適用されると改定された（「セーフティネット保証5号の指定業種（中小企業信用保険法第2条第5項第5号）」より）。ところが、この指定業種リストの最後の注釈の部分に

※以上に掲げる業種であっても、風俗営業等の規制及び業務の適正化等に関する法律（昭和23年法律第122号。以下「適正化法」という。）第2条第1項第1号から第3号までに規定するものについては、主として食事の提供を行うものに限る。

という追記がさりげなく添えてある。バー、キャバレー、ナイトクラブはそもそも「主として食事の提供を行うもの」ではないため矛盾が生じる。ここに中小企業庁による密かな抵抗が垣間見える。

しかしここまで来て、我々が妥協するわけがない。この「主として食事の提供を行うも

のに限る」の条件を外すよう柴山議員にさらに要望し、五月二日に以下の回答があった。

「中企庁金融課担当とつながりました。セーフティネット融資の「飲食主目的」の限定は外してもらうこととなりました（5月上旬目処）！

信用保証対象外業種は各組合のルールになりますが、それに連動した形の運用になるとのことです。ただ「特に高級」という文言はぼったくりバーを排除するため残るかもしれないとの話」

こうして五月四日、注釈にあった「主として食事の提供を行うものに限る」の文言が外れた。出てきたのは次のような文面である。

※以上に掲げる業種であっても、風俗営業等の規制及び業務の適正化等に関する法律（昭和23年法律第122号。以下「適正化法」という。）第2条第1項第1号から第3号までに規定するものについては、公序良俗の観点から問題がないものに限る。また、以上に掲げる業種であっても、適正化法第2条第5項に規定する営業は除く。

今度は、「公序良俗」だ。

風営法は、一言でいえば、公序良俗に反しないよう風俗業の適正化を図る法律である。そのためにさまざまな制約が課せられており、法を順守し、営業を継続できている事業者については、公序良俗に問題ありとは言えないはずだ。風営法に違反し摘発を受けた事業者は支給対象にならないのであれば、はっきりとした線引きが可能だが、「公序良俗の観点から問題がないもの」とあえて解釈範囲の広い作文をし、申請を受ける側の裁量拡大を目論むあたり、作文を担う経産省の官僚の、民間にフリーハンドを与えたくないという思惑が見てとれる。

だが、公序良俗に問題があるかどうか、その判断を委託されているのは取締当局、つまり警察であって、中小企業庁や金融機関、ましてや信用保証協会ではない。

とはいえ、中小企業庁は四月三〇日の財政金融委員会答弁で、「(セーフティネット保証や日本政策金融公庫の融資について) 風適法第二条第一項一号のキャバレー業等につきましても対象とするという予定」であり、「審査マニュアルの作成等の調整が必要でございまして、運用開始につきましては早ければ五月上旬を予定してございます」と述べており、我々の要望はほぼ通ったといえる。

こうして、五月一五日より風俗営業(接待飲食業等)への制度融資が開始された。このときには、キャバクラ・ホストクラブも融資対象になっていた。数々の壁を一つひとつ突破し、無事除外を撤廃することができたのである。

しかし、岸田氏の懸念どおり、今度は金融機関などの窓口における実施という壁があった。その後も「接待飲食業だから」という理由で申請を突き返される事態は続いた。その度に、自民党の柴山政調会長代理が金融機関への調整を行ってくださった。

今回は、コロナ禍という緊急事態ゆえに早急に見直しが実施されたわけだが、この体制が事態収束後も継続されることを期待している。なぜなら、風俗業がさまざまな助成から除外されていた合理的な理由は特にないということを、世間が知ってしまったからだ。その意味では、この会談は接待飲食業にとっては歴史的な変化をもたらしたといえよう。

†コロナ対策ガイドラインの作成

並行して我々は、緊急事態宣言から一週間で、業界独自のコロナ対策ガイドラインを作成していた。ガイドラインの監修には、インフェクション・コントロール・ドクター（ICD制度協議会が認定する感染制御を専門とする資格）であり日本水商売協会の顧問医師でもある奥村徹先生に全面的なご協力をいただいた。

一般社団法人日本水商売協会

接待飲食店における
コロナウィルス対策ガイドライン

Guidelines of Covid-19

諸注意事項

※当ガイドラインは、自粛明けの運用にご利用ください。
※状況により、内容が変更になる可能性があります。
変更の可能性もありきでのご同意、遵守をお願い致します。(変更した場合は、随時お知らせ致します。)
※必ずやるべきことは★、できればやることは☆で表記致します。
(以下、「キャスト」の表記は、接客するスタッフ(ホステス・ホスト・キャスト・ママなど)の総称とします。

①スタッフ・キャスト・お客様共通

★必ずやるべきこと

★マスク着用。飲み物を飲む時以外は外さない。
★検温による入店規制体温計(非接触型が好ましいが、接触型の場合、人ごとにアルコール消毒)
★感染拡大大国からの入国後14日以上経過していない方の入店規制
★ソーシャルディスタンス(キャストとお客様のペアごとに1卓分あけて着席)

☆できればやること

☆接客のキャストはチェンジなしの固定(接触者をできるだけ減らす目的)

②スタッフ・キャスト

★必ずやるべきこと

★定期的な換気
(サーキュレーターの使用、「風俗営業等の規制及び業務の適正化等に関する法律施行規則7条」に反しない限りの定期的な窓開け))
★30分に一度のこまめな手洗い
★30分に一度のうがい(手洗い後)
★入店時、退店時のアルコールなどでの手指消毒
★入店時、体調確認シート(別紙)へのサイン(虚偽申告にはペナルティ)
★ドアノブ、テーブルなどの定期的な消毒(30分に一度)
★スマホ画面の定期的な消毒
★顔や髪を触らない(ヘアセットの場合には、アップヘアが望ましい)
★帰宅後は速やかに入浴
★保健所からの情報開示請求には、最大限応じる

☆できればやること

☆適度な加湿
☆マドラーの定期的な交換(30分に一度)、もしくはマイマドラーの使用
☆着用ドレスは可能な限りクリーニング

③カラオケ

★必ずやるべきこと

★マイクの消毒(マイクシャワー等の専用品)を定期的に(人ごと、または30分に一度程度)行なう
★選曲端末も(人ごと、または30分に一度程度)消毒する
★歌う人の前に、キャストは座らない
★歌う人もマスク着用

監修

医学博士　奥村徹
元　国立大学法人　佐賀大学　医学部　危機管理医学　教授
日本感染症学会評議員
同学会認定インフェクション・コントロール・ドクター

日本水商売協会作成のコロナウイルス対策ガイドライン。

本来は国や都の要請に応じて休業すべきだが、保障は不十分だった。要請には強制力もない。耐えきれずに営業を再開する店舗はいずれ出てくるだろう。そのため我々は、「営業を行うなら、せめて無防備なままではなく、ガイドラインなどを参考に感染症対策を取った上で営業してほしい」と考えていた。そのためにも、ガイドラインをできるだけ早く明示する必要があったのだ。

四月一五日には、東京都に本ガイドラインの内容について、確認ならびに修正を依頼する、というアクションを取った。東京都の小池都知事は名指しで業界を危険な場所と呼び掛けていたほどなので、どこがどう危険で、どう対策をすれば危険でなくなるのか、当ガイドラインで対策が十分かを意見してもらおうと思ったのである。

ところが、あれだけ名指しで感染源のように言われていたのに、ガイドラインに記載した対策の方針が適切か否かという質問への回答はなかったのである。担当責任者と電話で話した後にメールで送ったが、受領の返事があったきり、連絡は途絶えてしまった。これでは何を改善しても、東京都からの合格ラインはいただけないことになってしまう。

そんななか、やはり休業要請に対する補償では店舗を維持できないと判断し、耐えきれずに営業を再開する店舗も出始めていた。

ガイドラインの発表記者会見（５月22日）。

ガイドラインについて話す愛沢えみりさん。

銀座や六本木の店舗はゴールデンウイーク明けの営業再開を想定し、休業を決めていた。ところが、その休業が延びに延びている間、当然売上はゼロ。毎月数千万にも上る赤字を出し続けていた。銀座は日本一家賃が高い地域だ。六本木は家賃が高い上に、敷地面積が広い店舗が多く、家賃が月五〇〇万円に上る場合もある。

六月に入ると、先の見えない緊急事態宣言の解除まで耐えることができず、多くの地域で営業を再開する店舗が増え始めた。その際にも、行政から示されるガイドラインはなく、我々が作成したガイドラインを参考にして対策をする店舗も多かった。愛沢さんの影響力、拡散力で、ガイドラインは業界の多くの店舗から既に認知をされていたのだ。

このガイドラインに対し、都による確認・修正があれば、より精度の高いものになるはずだった。しかし、数度の催促にもかかわらず、都からの回答は得られなかった。

3 コロナ禍の水商売

†店舗では何が起きていたのか

四月、五月と休業していた店舗では、休業中、従事するキャストへの給料は支給されなかった。基本的に水商売では、出勤状況に応じてキャストに報酬を支払う契約がほとんどだからである。そのため、一部のキャストはその日暮らしのような状況だった。収入が途絶えることに耐えられず、パパ活アプリなどを使って個人的な営業を行うか、無店舗型の「ギャラ飲み」で稼ぐか、その時期でも営業している店舗で働くことになる。

休業が長引くにつれて、次第に休業している店舗の売れっ子キャストも、休業期間中でも営業している店舗に移籍するようになる。この業界の店の成功は採用にかかっていると言っても過言ではないほど、店舗にとってキャストは重要な存在である。にもかかわらず、苦労して集めてきたキャストたちが他店に移籍してしまっては、休業時期の後に店を再開することが困難になる。こうした事情もあり、休業に耐えきれなくなった店舗が次々と営業を再開しだしたのだ。実際に営業を始めれば、それなりに客は来る。こうして、律儀に休業を守っている店だけが赤字を垂れ流す状況に陥ってしまった。

休業要請に強制力はない。とはいえ、街の見回りを行うなどして、休業要請の浸透を図るべきだった。または、対策状況をチェックする体制をとるべきだ。我々はこの頃から、このように主張していた。しかし現実は、無法状態と化していたのである。特に都心繁華街は、モラルの低い店舗を中心に顧客が殺到し、やりたい放題の状況だった。

†ガバナンスの崩れた歌舞伎町

モラルの高い店が休業に応じる一方、従業員や客は離れ、モラルの低い店に流れる構図となった。店だけではない。ストリートでは、客引き、スカウト、やくざ、それぞれ既存の監視が薄れる隙間が生じ、さまざまな荒らし行為も起きていた。

六月に、これまで自粛をしてきた〝品行方正〟側の店が一気に営業再開に動いたのは、こうした背景もある。ガバナンスの崩壊を見ていられなくなったのだ。

二〇年ほど前の、荒れた歌舞伎町を思い起こさせる夜の騒ぎも、咎める者はいなかった。その役割を負う東京都は〝調整中〟という体裁で、現実に起こっている問題に目を向ける余裕もなく、繁華街対策は事実上の無策だったのだ。六月に入り、歌舞伎町の全体が活動を再開したことは、街のガバナンス保持という点では意味があることだった。

†ホストクラブでの感染拡大

そして六月上旬。歌舞伎町のホストクラブの感染拡大が大きく報道された。

新型コロナウイルス検査陽性者数と日本水商売協会の動き

厚生労働省感染症発生動向情報等より

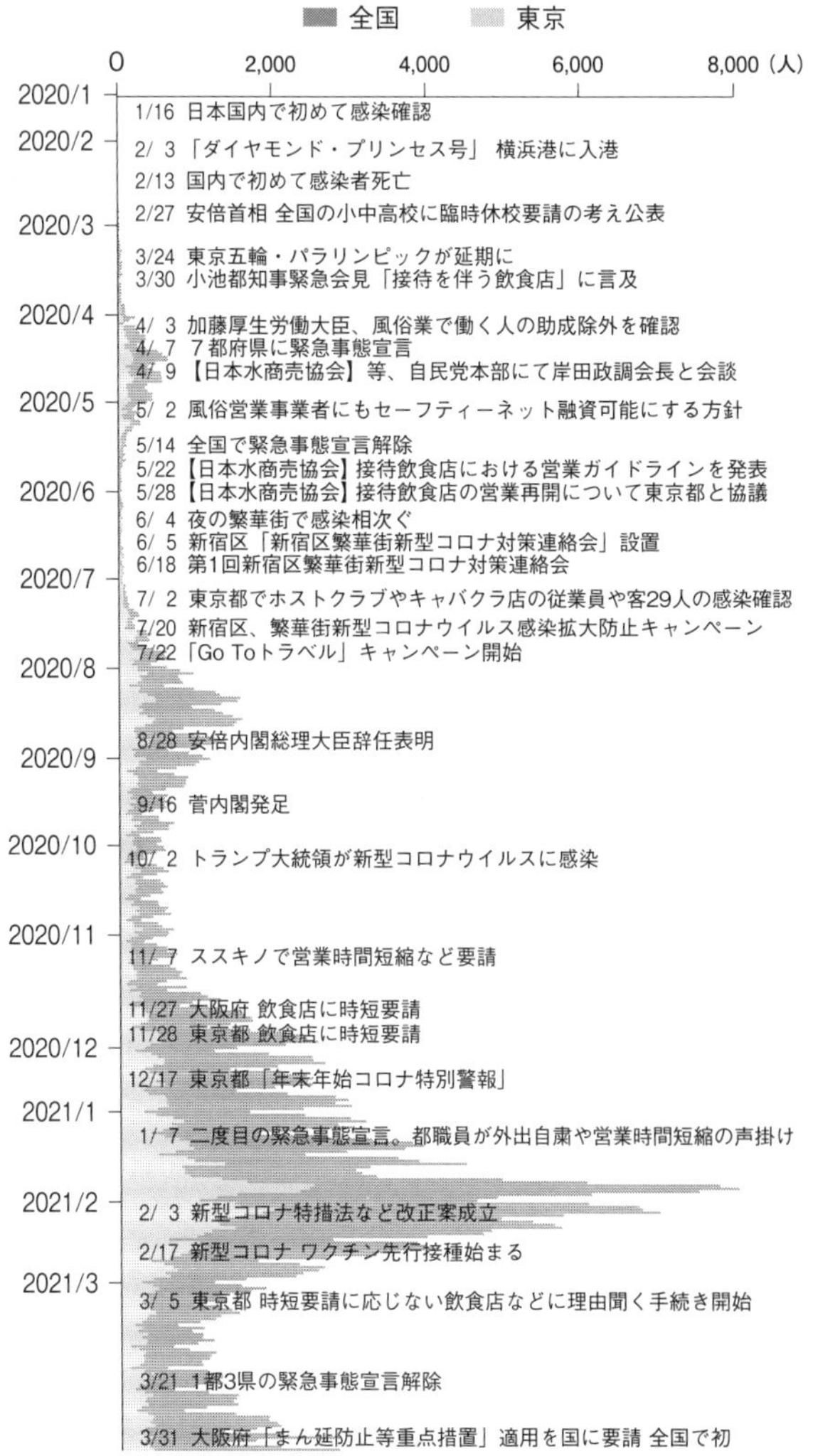

全国
東京
0
2,000
4,000
6,000
8,000（人）
2020/1
1/16 日本国内で初めて感染確認
2020/2
2/ 3 「ダイヤモンド・プリンセス号」 横浜港に入港
2/13 国内で初めて感染者死亡
2/27 安倍首相 全国の小中高校に臨時休校要請の考え公表
2020/3
3/24 東京五輪・パラリンピックが延期に
3/30 小池都知事緊急会見「接待を伴う飲食店」に言及
2020/4
4/ 3 加藤厚生労働大臣、風俗業で働く人の助成除外を確認
4/ 7 7都府県に緊急事態宣言
4/ 9 【日本水商売協会】等、自民党本部にて岸田政調会長と会談
2020/5
5/ 2 風俗営業事業者にもセーフティーネット融資可能にする方針
5/14 全国で緊急事態宣言解除
5/22 【日本水商売協会】接待飲食店における営業ガイドラインを発表
2020/6
5/28 【日本水商売協会】接待飲食店の営業再開について東京都と協議
6/ 4 夜の繁華街で感染相次ぐ
6/ 5 新宿区「新宿区繁華街新型コロナ対策連絡会」設置
6/18 第1回新宿区繁華街新型コロナ対策連絡会
2020/7
7/ 2 東京都でホストクラブやキャバクラ店の従業員や客29人の感染確認
7/20 新宿区、繁華街新型コロナウイルス感染拡大防止キャンペーン
7/22 「Go Toトラベル」キャンペーン開始
2020/8
8/28 安倍内閣総理大臣辞任表明
2020/9
9/16 菅内閣発足
2020/10
10/ 2 トランプ大統領が新型コロナウイルスに感染
2020/11
11/ 7 ススキノで営業時間短縮など要請
11/27 大阪府 飲食店に時短要請
11/28 東京都 飲食店に時短要請
2020/12
12/17 東京都「年末年始コロナ特別警報」
2021/1
1/ 7 二度目の緊急事態宣言。都職員が外出自粛や営業時間短縮の声掛け
2021/2
2/ 3 新型コロナ特措法など改正案成立
2/17 新型コロナ ワクチン先行接種始まる
2021/3
3/ 5 東京都 時短要請に応じない飲食店などに理由聞く手続き開始
3/21 1都3県の緊急事態宣言解除
3/31 大阪府「まん延防止等重点措置」適用を国に要請 全国で初

懸念していたことが、現実となってしまったのである。

世間は一斉にホストクラブを叩きだす。クラスターとなった店舗を割り出して、袋叩きにしようという空気であふれていた。時を同じくして、行政がクラスター発生の店舗を名指しで公表するようになった。名前を出された店舗は廃業へ追い込まれるという現象が全国各地で起こった。

しかし、クラスターが発生した店舗の店名を公表することは、感染拡大防止という観点では裏目に出たと私は考える。店舗に雇われるキャストにとっては、自分が感染したせいで、お世話になっている店が閉店に追い込まれるような事態は避けたい。そうなると、熱があっても、多少具合が悪くてもそれを隠し、検査を拒否して店舗にも内緒で乗り切るという発想になるわけだ。間違った対応ではあるが、当時はそれが、その子なりの誠意だったのだ。

†官民一体モデルの先駆け

都内では、六月に入り一三三名の新型コロナ感染者が確認された。感染拡大を危惧する声が強くなっていった。これに対し、小池知事は「夜の街関連、とりわけ新宿エリアにおける飲食、接客業関係者が多いという報告を受けている」「休業要請が解除されていない接待を伴う飲食店の従業員など夜の街関係が約三割を占め、その約四割が新宿区内の感染者」とコメントし、接待飲食業が休業要請を守っていないことによる感染拡大という図式を世間に浸透させた。

新宿区長らとの会談の様子（6月5日）。

これにより、とりわけ歌舞伎町の接待飲食業に対する風当たりが一気に強くなった。東京都は「感染防止の観点から店名を公表することもありえる」とした。

そんななかで、同じ歌舞伎町内に庁舎を構える渦中の新宿区の吉住健一《よしずみけんいち》区長は、連日ホストクラブの幹部らと協議を行い、その問題点に気づき、現場の声を理解してくれた。区長は感染者をいち早く特定するためにも、店名や個人名の公表はしないと約束してくれた。

日本一の歓楽街、歌舞伎町のある新宿区の吉住区長が、夜の街に寄り添い、意見に耳を傾けてくださったことは、特にコロナ禍で頭ごなしに悪者扱いをされてきた我々にとってはとてもありがたく、嬉しいことだった。新宿区長が情報の保護を宣言してから、ホストたちは検査に協力するようになった。

新宿区は、区内における感染防止対策を事業者と連携して実施するため、区保健所・繁華街事業者で構成する「(仮称)新宿区繁華街新型コロナ対策連絡会」を設置すると発表した。店舗等の感染症対策や、スタッフからの感染拡大防止を協力して行うほか、感染時における対応マニュアルの策定や疫学調査への協力、衛生管理の徹底を周知するための講習会の実施、飲食店営業のガイドライン策定など、さまざまな感染症対策を行っていくとした。

これについて、吉住新宿区長からは以下のコメントが発表された。

> 区内繁華街事業者と連携した感染拡大防止対策の実施にあたって新型コロナウイルス感染症に罹患した方の数が再び増えています。その中で、繁華街で感染したと思われる事例も一定の割合で把握されています。区としては、一人ひとりの命と健康を守るため、事業者の皆さんと協議を重ね、人権を尊重しつつ、積極的な疫学調査に協力

をいただくことをお願いしました。

経営上の課題もありますが、「従業員を大切にしたい」、「そのことが顧客の健康を守ることになる」という点において、共通認識を持つことが出来ました。申すまでもなく、目に見えないウイルスには誰でも感染する可能性があります。

感染することで、差別的な扱いをされることがあれば、発熱等の症状があっても、検査を受けたいと申し出ることも出来ません。疫学調査を進め、濃厚接触者への検査を行うことで、一時的に感染者数が増えたように見えるかも知れませんが、感染症対策を進め、結果的に早期の収束を目指します。

報道機関におかれましては、感染された方の人権への配慮をお願い申し上げます。

令和2年6月5日

新宿区長 吉住健一

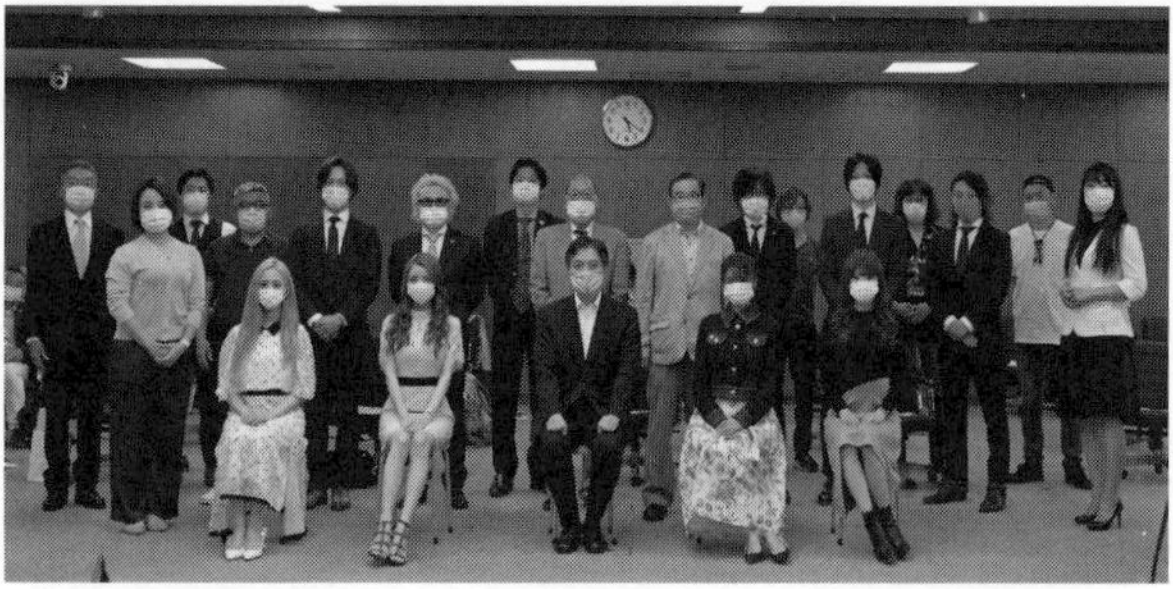

新宿区繁華街新型コロナ対策連絡会議の様子（6月18日、新宿区役所にて）。

†新宿区繁華街新型コロナ対策連絡会発足

二〇二〇年六月一八日、新宿区繁華街新型コロナ対策連絡会が発足した。繁華街の具体的感染症対策のモデルにするべく、官民一体となり、連携して感染症対策に取り組むというものだ。連絡会の正式発足を前に、連日準備会も行われてきた。連絡会の会議当日にはたくさんの報道陣が押し寄せ、私も他地域を含む現場の声を届ける役割として、囲み取材に応じた。

これまで、特にホストクラブは行政に対する不信感が強く、また行政も繁華街の事業者とはかなりの距離を取って、むしろ遠ざけるようにしていたようにさえ感じる関係性があった。それが、吉住区長と、行政とホストクラブの仲介役を担っていた「SMAPPA!!グループ」の手塚マキさんらの音頭によって、連絡会では一気に信頼関係を構築することができた。

日本水商売協会は、この後新宿区のみならず、六本木のある港区においても、区や保健所と連携を取り、店舗を一軒ずつ回るなどして、連絡事項を伝えたり、店舗の現状をヒアリングしたりするなど、連日連夜活動を続けた。

†時短要請・飲酒規制における問題点

二〇二〇年八月頃からは各都道府県による「時短要請」が始まり、後付けで「飲酒規制」が追加された。接待飲食業においては、夜に店を開けられず、お酒も出せない状況では、休業要請と何ら変わりはない。休業要請から時短要請に変わった背景には、行政のひっ迫した財政状況がうかがえる。

時短要請に応えた事業者には協力金が支払われることになったが、大型店舗、または複数店舗経営でこれらの要請・規制を守れているところは少なかった。これは、経営者のモラルの問題や、協力金の金額の問題ではなく、大きく二点の制度・仕組上の問題がある。

一つ目は、時間帯の問題だ。これらの店舗は二次会で使用されるタイプのお店なので、お客様が入りだすのはそもそも二二時からだ。事実上の休業要請に等しい。

新宿区によるホストクラブへの感染対策啓蒙活動。

六本木の老舗クラブ「ミトス」で行われた、港区保健所による接待飲食店向けの感染対策動画の撮影。

二つ目は、協力金の入る先が一事業主であることの問題である。複数店舗を経営していても、広い店でも家賃の高い地域でも協力金の額が同じでは、キャストに賃金を支払えない。キャストは休業中、無収入となってしまうため、店は働いている人の生活のために開ける必要がある（後日、一事業主あたりの支給は一店舗あたりに変わった）。

そもそも、時短が感染症対策に有効であるという、データに基づいた根拠は示されていない。効果があるとしたら、それは「時短要請が行われるくらい、感染状況は危機的な状況であるという示唆による、衛生意識の向上」「客足の減少による感染機会の低下」の二点であって、二〇二〇年六月頃の「夜の繁華街に行かないように」という呼び掛けと同じ意味合いのように感じる。兵糧攻めのように客足を遠のかせることで、科学的根拠に基づいた対応から回避しようとしているようにも思える。

この頃は、「要請だから守れないんだ」という世論も強かった。しかし、モラルの問題ではなく、制度・仕組上の問題で時短要請・飲酒規制を守れないところが多いというのに、要請でなく、強制力を持たせれば良いというのは、かなり乱暴な話だ。

政府は救ってはくれないから、自分たちで自分たちの生活を守ろうとしている、というのが、多くの経営者から聞こえる声だ。

†コロナ禍での店舗の金銭事情

ただ、結論からいうと、二〇二〇年四月の初めての緊急事態宣言明け以降、店という立場では大きな損失を被った店舗は多くない。それはなぜか。

経営を維持するために店が真っ先に行ったのが出勤調整——客数に応じて出勤させる女性の数を減らすことだ。それにより人件費が節約できる。もともとよく行われていたことだが、これがコロナ禍では、ほとんどの店で行われることとなった。店を完全に閉めてしまうと所属するキャストは無収入となるが、出勤調整という形でキャストの出勤を制限すれば、休んだぶんの報酬は減るが、それでも無収入よりはましである。個人事業主として店と契約しているキャスト側もやむを得ないことを理解しており、店舗としても、精一杯の決断だった。

はじめの緊急事態宣言、休業要請期間中は、持続化給付金に助けられたホステスは多い。しかし以降の休業要請、時短要請などの時期にはほぼ無収入であるし、各種要請が解除されても客がすぐに戻ってくるわけではなかった。出勤調整などは続き、一時期は通常時の一〇分の一という収入が続いたという話を聞いていた。すると、個人的な営業としての

「ギャラ飲み」や「パパ活」などで生活費を稼がざるを得ない状況になる人も出てくる。

もちろん、昼職（昼間に働く仕事）への転職を試みる人も多い。しかし、後述するが、昼職への転職はそう甘くはない。休業や時短などの施策で一番苦しんでいるのは、接待飲食業に勤務していた女性かもしれない。

一方、さまざまな要請が出されようとも、一切出勤調整などを行ってこなかった店もある。店を開けてもこれまでのように客が入るわけではないが、店を閉めてキャストが無収入になると、ギャラ飲みやパパ活のような個人営業に流れたり、そのあいだ通常営業をしている他店に移籍してしまったりと、人材の流失につながる。キャストの生活を守りたいという思いと共にそんな事情もあり、店の経営としては非常に厳しくても出勤調整をせず、希望者には毎日出勤させてそのぶんの報酬を払い続けていた店もあるのだ。そのような店舗には、コロナウイルスの流行がやや落ち着いてきた頃から、入店希望の女性がひっきりなしに来ていると聞く。

†店舗に顧客が戻ってこない

新型コロナウイルスの感染拡大が収まりつつある現在（二〇二一年末）も、店舗に顧客は戻ってきていない。地域差や業態差が大きく、銀座や北新地のクラブのような、特に接待で使われるような地域、業態は依然厳しいままにある店舗が多い。

なぜなら、特に大企業は国や自治体の方針に従うのが通常なので、政府から規制がかかっているうちは、特に企業に勤める男性客は動けないからだ。

一時期、歌舞伎町でも、実は陽性者〇《ゼロ》が続いた時期があった。二〇二一年の第三波、第四波、第五波といわれていたときも、歌舞伎町ではクラスターのような状況はほとんどなかったと聞いている。

しかし、ダメなときは叩かれ、改善されてもそれが報道されることはないのが実態だ。

†「夜の街」という分断を超えて

本来日本は、そして日本人は、義理と人情に厚く、隣人に温かい人々が大多数であると私は感じている。だから私は日本が好きで、日本人であることに誇りを持っている。

にもかかわらず、この新型コロナウイルス感染症という異常事態が、社会の様相を変えてしまった。

我々は「夜の街」として差別をされることになった。いや、差別している側は特にそうだが、そのことが「差別」だということにすら気が付いていない人も多い。

たとえば、「昼の街」という表現をするだろうか。聞いたことがないという方がほとんどだろう。差別の定義は「対義語が存在しないこと」だといわれることもある。それだけ、「夜の街」は特別視され、差別されているのだ。そして、そのことを差別されている側、「夜の街」の当事者たちは敏感に感じ取っている。テレビでは連日感染者の属性の内訳を示す円グラフが示され、「夜の街関連」という項目が当たり前のように記載され、あたかも「夜の街」が感染源であるかのような報道が続いた。

子どもさえ、母親がクラブで働いていることを理由に、他の保護者から「あの子は「夜の街」関連の子だから、（コロナウイルスを持っているから）遊んじゃ駄目よ」と言われるという。こんなわかりやすい偏見まで、身近なところで聞くようになった。

今は、国民全員に余裕がなく、色々なことに懐疑的になっているのだろう。国民は一様に辛い思いをしており、「誰かなんとかしてくれよ」という思いを持っている。そんななかで、一部の政治家によって、悪いのはすべて「夜の街」だと、ある種のスケープゴートにされてしまったのが現実ではないだろうか。

政治家の皆様には、分断の思想をあおるのではなく、是非とも本質的な解決に目を向けてほしいと願う。分断思想を進めても、感染拡大の現実は収束しない上に、誤った対応につながってしまう。クラスター発生店舗の店名公表などは、まさに分断をあおった結果、感染者の特定を遅らせ、感染拡大を助長することになってしまった施策である。

さらにいえば、分断で問題が解決するなら、とっくに解決しているはずなのだ。そう断言できるほど、我々「夜の街」の当事者は、この状況下でずっと差別され、叩かれてきたのである。

日本が感染症を乗り越え、再び活気を取り戻すには何が必要か。「誰が」とか「どの業界が」とか「どの地域が」問題である、と切り分けて片付けてしまうのではなく、国民一人ひとりが自分以外の人々への想像力、感情移入をした上で、共に協力をしていくことが重要だと考えている。すべての問題は、そう単純ではないはずだ。

我々日本水商売協会は店舗の集団ではなく、第三者である。だからこそ、業界と社会との通訳として機能しているし、この役割の担い手として、問題の解決方法を社会の皆と共に模索したい。

第二章

水商売業界の全体像

1 そもそも「水商売」とは何なのか

†別物扱いされてきた歴史

水商売はこれまでも長い間、虐げられてきた歴史を持つ。その事実は、業界の内側にいなければ、わからない。なぜならば、業界の外側にいる方々は、悪気なく水商売を「別物扱い」し続けてきたからである。

業界内の人間は、この「別物扱い」の風潮を、「業界あるある」であり「どうすることもできない仕方のないこと」として受け入れてきた。特に理由もなく理不尽な対応をされたとしても、それは業界内の人間にとっては「よくあること」だったのである。だからこそ、水商売の経営者たちはそれを気に掛けることも、声を上げることもなく、ある意味では自立して、粛々と経営を続けてきた。

ところが、状況は大きく変化した。新型コロナウイルス感染症が広まったことで、理不尽が理不尽のままでは、死活問題になる環境となったのである。水商売の業界関係者は、このコロナ禍によって初めて、自分たちの置かれてきた「不公平」な真実と向き合わざるを得なくなった。

本章では、「別物扱い」され「不公平」な扱いを受けてきた、現在の水商売業界全体を概観していく。

†従事者は一〇〇万人、市場は二兆円規模

「水商売」という言葉、あるいはそれが示す業界に、とても良いイメージ、クリーンな印象を持つ方は少ないかもしれない。しかし、いわゆる「水商売」、ナイトビジネスを展開している経営者や、そこに従事する人の多くは、真面目に、一生懸命に仕事に取り組んでいる。私自身は、一般企業よりも常に目をつけられているこの業界のほうが、案外クリーンなのではないかと思っている。

接待飲食業界の従事者は、一〇〇万人いるといわれている。警察庁によれば二〇一九年末、接待飲食等営業の許可数は六万三四六六件だった。一般社団法人日本フランチャイズチェーン協会の二〇年一月度のデータでは、コンビニの店舗数は五万五五八一店なので、コンビニよりも多いことになる。市場規模では二兆四五九四億円はくだらないという説も

ある（二〇一八年度、日本フードサービス協会）。

それだけ多くの人間が従事し、多くのお金が動くにもかかわらず、さまざまな問題や課題が手つかずのまま残ってしまっている。しかし、「水商売だから」「夜の街だから」とひとくくりにしてしまっては、その問題・課題を解決に導いていくことも難しい。その内実を明らかにし、問題を切り分けていくことで、業界のみならず社会全体の長年の課題・問題も解決することにつながるのである。

まず、「水商売」とは何か。

「水商売」を国語辞典で調べると、次のような説明がある。

料理屋・待合・酒場・バーなど、客に遊興させるのを目的とし、客の人気によって収入が動く、盛衰の激しい商売。水稼業（みずかぎょう）。（小学館『大辞泉』）

別の辞書の解説も見てみよう。

水を扱うあきない。水あきない。

客のひいきによって成り立つ盛衰の激しい商売。主として、待合・貸座敷・料理店・バー・キャバレーなどにいう。水稼業。（小学館『精選版 日本国語大辞典』）

辞書の解説からいえば、水商売とは「客商売であり、客の人気・ひいきによって売上や人気が左右される商売」ということになる。そういう意味では、例にも挙がっているとおり、飲食店全般が「水商売」ということになる。

ただし、日本水商売協会の「水商売」の定義は、辞書とは少し違う。

我々は、「水商売」を「接待を伴う飲食店（以降、接待飲食店と呼ぶ）」の総称として使っている。正確には「風俗営業等の規制及び業務の適正化等に関する法律」中の、風俗営業接待飲食等営業1号営業に該当する店舗を示している。

先に説明したとおり、「水商売」は本来、飲食店も含むものである。しかし、大手レストランチェーンや居酒屋などの外食産業は東証一部に上場するといった躍進を遂げ、社会的にもネガティブなイメージはほとんどなくなった。そして、取り残されたのは接待飲食店である。現代ではこれらが「水商売」の主たる産業として認知されている。これらの店舗は、風営法に基づき都道府県公安委員会に営業許可を得て活動しているが、第一章で見

第二条　この法律において「風俗営業」とは、次の各号のいずれかに該当する営業をいう。

一　キヤバレー、待合、料理店、カフエーその他設備を設けて客の接待をして客に遊興又は飲食をさせる営業

二　喫茶店、バーその他設備を設けて客に飲食をさせる営業で、国家公安委員会規則で定めるところにより計つた営業所内の照度を十ルクス以下として営むもの（前号に該当する営業として営むものを除く。）

三　喫茶店、バーその他設備を設けて客に飲食をさせる営業で、他から見通すことが困難であり、かつ、その広さが五平方メートル以下である客席を設けて営むもの

四　まあじやん屋、ぱちんこ屋その他設備を設けて客に射幸心をそそるおそれのある遊技をさせる営業

五　スロットマシン、テレビゲーム機その他の遊技設備で本来の用途以外の用途として射幸心をそそるおそれのある遊技に用いることができるもの（国家公安委員会規則で定めるものに限る。）を備える店舗その他これに類する区画された施設（旅館業その他の営業の用に供し、又はこれに随伴する施設で政令で定めるものを除く。）において当該遊技設備により客に遊技をさせる営業（前号に該当する営業を除く。）

風俗営業等の規制及び業務の適正化等に関する法律

たとおり、時に「公序良俗に反する」とされたり、差別的取扱いを受けたりすることがある。

ただ、特に三〇代以下の若い方々には、「水商売」という言葉の成り立ちや、かつて差別的な意味合いで使われていたことは知られておらず、「業界を示す用語」として使用されている実態がある。

†クラブ、ミニクラブ、ニュークラブ、キャバクラ

具体的に、どのような店舗・運営形態があるのか。業態の説明も合わせて紹介していこう。なお、ここでは我々日本水商売協会が活動の範囲とする、女性が働く店に限って紹介していく。

また、現状において業態の明確な定義は存在しない。同じ名称であっても内容が違う、といったこともざらである。ここで挙げている定義が絶対的なものとはいえないので、「こういう業態があるんだなあ」と思っていただければ幸いである。

まず【クラブ】【ミニクラブ】【ニュークラブ】【キャバクラ】という非常に似た業態がある。

まず【クラブ】は東京・銀座や大阪・北新地などの繁華街の中でも、限定されたエリアに密集して存在している。その他の繁華街にある場合でも、地域全体の店舗数から考えるとごく少数である。

クラブとキャバクラとの大きな違いは料金システムで、クラブでは席に対して料金が発生することが多い。都心のいわゆる「高級クラブ」では、座っただけで四〜六万円が「チ

ャージ料」として発生し、飲み物は別途注文、というシステムが一般的だ。

クラブは時間を気にせずくつろいでいただく場所であることを前提としているが、二時間をワンセットとして、それを超えると追加料金がかかるのが通常である。二時間ワンセットとなっている意味は、「二時間以内でお席を空けてくださいね」という店側の意図がある。これは、お店の都合を配慮してお席を空けていただく紳士の心遣い、またはクラブの「しきたり」に対する暗黙の了解のようなものを示しているものだと思われる。日本における独特の文化、「粋《いき》」な飲み方、風習・作法がこの料金体系に表れているともいえるだろう。

【ミニクラブ】は、クラブよりも小規模かつリーズナブルな料金体系の店舗が名乗ることが多い。内装にかける費用や、ホステスの人件費がクラブよりも安価な分、料金がリーズナブルになるのだ。

クラブは江戸幕府によって公認されていた遊郭である「吉原遊郭」と、京都祇園の「お座敷」文化の流れとが合わさった形で継承されているという説がある。そのためか、「一見さんお断り」などの一般の飲食店などには見られない決め事がある場合が多い。

現代における「一見さんお断り」には、「支払いはツケである場合が多いので、身元のわからない一見さんだとトラブルの元になる」「店の品格を保つために、店が客を選ぶ」という意味がある。

また、店に従事する女性にも違いがある。クラブやミニクラブに従事する女性は「ホステス」と呼ばれ、以下に説明するキャバクラやラウンジ、ガールズバーの従事者は「キャスト」と呼ばれる。クラブでは永久指名制という制度が主流で、客は原則「係《かかり》」（関西地域では、「口座《こうざ》」）と呼ばれる指名ホステスを自分で選ぶことも、変えることもできない。指名なのに変えることができないというのはおかしな話だ、と思われるかもしれないが、ツケの回収責任を負うと共に、ホステス同士のトラブルなどを回避するためにある制度なのだ。

一方、キャバクラは、その日の気分や、写真などで選んで気に入った女の子を「指名」することができる。入店と同時に指名することを「本指名」、店内入店後に、特定のキャストを自分の席に固定させることを「場内指名」という。

【キャバクラ】は日本の接待飲食業で現在もっとも従事者の多い業態である。クラブとは違い一時間、または三〇分単位での課金システムを採用している。

最近は朝や昼の時間帯に営業する「朝キャバ」、「昼キャバ」なども登場している。ちなみに、札幌・すすきのなど、一部地域では、いわゆる「キャバクラ」のことを「ニュークラブ」と呼ぶ場合もある。

†ガールズバー、ラウンジ、ショーパブ、スナック

最近、店舗数が増加傾向にある【ガールズバー】は、クラブやキャバクラのように客の隣に座って接客を行うのではなく、カウンター越しで接客を行う。料金体系はキャバクラなどよりもリーズナブルに設定されていることが多い。隣に座っての接客でないことから、飲食店のくくりに入ると勘違いされやすいが、飲食店ではなく、ほぼ例外なく風俗営業の許可を取得する必要がある。

【コンセプトカフェ】も、ガールズバーの一種で、キャストがその店のコンセプトに即した衣装を身に着けて接客をする。こちらも「カフェ」というネーミングにはなっているが、ガールズバーと同じく、風俗営業の許可が必要である。

【ラウンジ】はクラブよりもカジュアルで、ガールズバーと異なり、カウンター以外の席が多い店舗を指す。【ショーパブ】は、店内でショーやステージを行うラウンジのこと。

【スナック】または【パブスナック】は、ママやマスターが個人で経営をする小規模店舗を指すことが多い。女性による接客よりも、ママ、マスターとの会話や、客同士のコミュニケーション、カラオケなどを目当てにする客が多いのも特徴である。

†性風俗店やギャラ飲みとの違い

ちなみに、日本水商売協会では、接待飲食店と性風俗店は分けて考えている。衣装がランジェリーだったり、ボディタッチなどがサービスの一環として含まれていたりする（あるいは、暗黙の了解で認められている）、いわゆるセクキャバ・いちゃキャバ・おっぱいパブなどを接待飲食店と定義づける方もいるが、当協会ではこれらの店舗は「脱法的な接待飲食業とはいえるが、事実上の性風俗店であり、我々が呼ぶ「水商売」ではない」としている。なお、性風俗店は風営法上「性風俗関連特殊営業等」と呼ばれ、水商売が含まれる「風俗営業」とは別に定義されている。

また、運営会社が女性に時給を支払い、飲み会の場に女性を斡旋する「ギャラ飲み」という仕組みもある。これは無店舗型・フリーの接待飲食業のようなものだが、現状ではこの業態も当協会では「水商売」とは定義していない。ただし、ここで働く女性たちは、協会として支援していきたいと考えている。

さらに補足すると、同じ接待飲食業である「ホストクラブ」のような男性が接客をする業態は、我々の定義としては「水商売」に含まれる。しかし、現状において日本水商売協会には参加していない。協会設立時の段階では、まずは女性が働く業態で協会運営を確立させるほうが確実であると考えたためだ。とはいえ、私はかねてより個人的にホストの皆様との親交があり、同じ業界の「仲間」だと思っており、本書にはホストとして働く男性も登場している。

2 水商売業界の構造

✝水商売業界を構成する四つのアクター

日本水商売協会の理念は、「店舗・働く女性・顧客・社会の四方良し」である。この四つのアクターが水商売業界を構成し、どれも重要で、それぞれに役割がある。

まず、「店舗」がなければ働く場所が確保できない。働く場の提供は、とても重要な役割だ。そして、複数名が働く店舗であれば、店という場で仲間やチームができる。

しかし現状では、働く女性を搾取の対象としてみている店がある。頑張りたいキャスト に頑張り方を教えることもなく、評価制度がないため人によって報酬がまちまちだったり もする。さしさわりのない接客をし、お客様のニーズを深く考えることもなく、法令より も自分たちの利益を優先し、地域のイメージを汚してしまう、そんな店舗も残念ながら存 在する。

では、どのような店舗が良い「店」といえるのか。我々は、次のように考えている。

・働く女性の人生を、家族の一員のように考えられる店。
・教育のチャンスを与えられる店。
・正しく、公平に仕事の成果を評価できる店。
・お客様の想像を超える「そこまでやるか！」の感動を創出できる店。
・状況に応じた適切な配置・配役をできる店。
・法令順守を徹底している店。
・店舗のある地域を大切にしている店。

これらを徹底することで、飛躍的に、長期的に成功する店舗を作ることができる。またその努力や誠実さが正当に評価されるよう、優良店舗としてのブランディングをお手伝いしていきたいと考えている。

†働く女性が成否を分ける

「働く女性」は、もっとも重要なアクターだ。

接待飲食業が成功するか否かを分ける、最大の要因は「人」である。良い子がいればお店が繁盛し、良い子がいなければお店が衰退する。接待飲食業は、人とのコミュニケーションが売りものだからだ。お酒を飲みたければ、スーパーやコンビニで買える。お酒を提供されたければ居酒屋へ行けば良い。雰囲気の良い空間でお酒を提供されたければバーへ行けば良い。そうではなく、クラブやキャバクラやガールズバーやスナックやショーパブへ足を運ぶのは、そこで働く人だったり、そこに飲みに来る客だったり、人とのコミュニケーションを求めているからだ。接客というコミュニケーションに値段が付いているのだ。

では、どういう「人」が「良い子」なのだろうか。もちろん、一般的に売れっ子という言葉でイメージするような容姿端麗な女性は、そうでない人に比べてアドバンテージがあることは間違いない。とはいえアドバンテージ止まりであり、美人というだけで売れっ子になれるわけではない。むしろ、それより重要なのは、仕事への姿勢や取り組み方だ。

現状では、個人のスタンドプレーばかりで自分のメリットばかりを主張する人や、お客様と適当に話を合わせていればいいと考えている人、目先のお金ばかりを追いかけ、感情に流されそれを態度に出し、遅刻やドタキャンなどを平気でしてしまう、そんなキャストが残念ながら存在し、それが業界のイメージの一部になってしまっているようにも感じる。

では、具体的にどのような「人」を目指すべきであるか。我々日本水商売協会の見解は次のとおりだ。

・店という組織の一員としての自らの役割を考えられる人。
・自分のメリットの前に、店のメリットを優先できる人。
・お客様に対して、（表面上ではなく）人として好意を持って接することができる人
・お金に魂を売ることなく、プロとしての努力が伴った健全なプライドを持てる人。
・常に笑顔でいられる人。

・社会人としてのルールやマナーを守れる人

これらは、どんな「人」であっても、本来教育で身につけられる能力だ。そういった意味でも、教育こそが、事業の成功を大きく左右する重要な役割を担う。日本水商売協会は、このような「人」の教育を担いたいと考えている。

†お客様も水商売業界の一員

そしてもちろん、「顧客」――お客様がいなければ商売として成り立たない。前述のとおり、水商売業界の市場規模は二兆円を超えるとされる。巨大な消費活動を担う、ある意味では水商売業界の主役だ。

お客様は大切な存在であるが、神様ではない。もてなす側として「こんなお客様になってほしい」「こんなお客様になったら楽しめる」という方法を伝えていきたい。

・働く女性に対して、敬意をもって接していただくこと
・店内では他のお客様へご配慮いただくこと

・全力で経済を回していただくこと

たとえば、「大金を使えばモテる」。これは誤った認識だ。確かに、店やキャストから気を遣われることは間違いないが、モテるということとは別なのだ。

「お客様は自分の鏡」とは、キャスト側の視点からよく言われることだが、逆もしかり。いくらお金をたくさん使っていただいたとしても、お客様自身が意地の悪い態度でいると、寄ってくるキャストは裏表のある意地の悪いキャストばかりになる。お客様が下心丸出しで接すれば、キャストもお金という下心丸出しで接客をしてくるようになる。

では、どうすればいいのか。キャストには「一人の人」として接してほしいと思う。「飲み屋のねーちゃん」というスタンスで、名前も覚えない対応をされているキャストは、心底悲しい思いをしている。女なら誰でも良く、数合わせの一人として見られていると感じるからである。したがって、このような横柄な態度のお客様の接客はないがしろになってしまう。これでは、せっかくの楽しい飲みの場が気持ちの良い場になりにくいのではないだろうか。キャストである前に、一人の人間として敬意をもって接してほしい。

また、「キャストをおだてればモテる」と思っている方もいる。これも間違いだ。男性と違い、初対面で何かを褒められても、本気で喜ぶキャストはほとんどいない。

「君、かわいいね」。新人でない限り、キャストはこのような言葉を真に受けはしない。日頃から言われ慣れているため、挨拶代わりにしか思えないし、自分に言っているということはその他——たとえば五〇人くらいには同じことを言っているだろう、と捉える人がほとんどだからだ。捉える、というよりは、実際言っているのではないだろうか。褒められて嬉しいのは、内面や、気遣いを褒められたときではないかと思う。

接客にも、費用対効果が存在する。キャストが店外で長時間付き合ってくれたのだとしたら、店内でキャストの売上になるような抜きもの（シャンパーニュやワインなど）を入れるべきだし、お客様の単価が高くなったときには、キャストはアフターサービスを積極的にするべきだと思う。このことに明確なルールがあるわけではないが、お互いへの気遣いができ、暗黙の了解が通じ合っている者同士であるほど、より良い関係性が築けるのではないだろうか。

本当の楽しみは、キャストとの間に、人と人との信頼関係を結んでから始まる。

店への配慮というものも、モテる紳士の条件の一つだ。周囲へ配慮できるゆとりのある方はかっこいい。

一方、接待飲食店が好きではないという男性からよく聞くのは、「客である自分のほうが女の子に気を遣ってしまって、会話を振ったりするのが疲れる」という意見だ。これは、キャスト側の力不足であることは否めないので、申し訳ない気持ちであるが、そんななかでも楽しめる方法を強いて伝えるのなら、店に指名制度があるのならば指名をしてみる、ということだ。キャストにとって、自分があえて選ばれたという自信と喜びが、仕事を頑張ろうというやる気とお客様への好意につながるのだ。これは、報酬云々の問題ではない。指名で出るパワーというのは金額以上のものがある。

キャストは、キャストという役柄を演じながらも、一人の人間、「個」として認められることを願っている。それは人間皆が欲する欲求であり、そのことを理解するお客様こそが、真のモテるお客様なのだ。

†社会に貢献し、社会に認められる

最後のアクターは「社会」だ。我々は、働く人も、店も、顧客も、社会に対して貢献していると考えている。そんな業界を社会が認めてこそ、より貢献できるものだと思う。日本水商売協会の活動を通じて、社会のあるべき姿勢を伝えたい。

・「水商売」という職業を正しく理解し、職業として尊重すること

それぞれのアクターがそれぞれを尊重し、お互いを認め合ってこそ、すべてがうまく回りだすものではないか。日本水商売協会は、このような世界を目指したい。そのために、それぞれが目指すべき姿を設定し、改善に向けて活動を続けているのである。

なお、この四つには含まれないが、行政や法とのかかわりも重要だ。風俗業の監督官庁は公安委員会であり、「風俗営業等の規制及び業務の適正化等に関する法律」に基づいて、各店舗が都道府県公安委員会に営業許可を得て活動している。この点については、このあと若林翔弁護士のコラムで解説する。

†水商売で働く女性たち

水商売で働く女性は、特殊な事情を抱えている……、こうしたイメージを持たれることが多い。それは、テレビなどのドキュメンタリーやバラエティ、ノンフィクション小説、雑誌などにおいて、とりわけ厳しい環境で育った方々にだけスポットをあてて取材してい

るからだ。実際には、必ずしもそういうことばかりではない。

とはいえ、「ワケあり」の方々も一定数存在する。中でも、離婚女性やシングルマザーが困窮してやむを得ず水商売の世界に足を踏み入れるというケース。ただでさえ男女の収入の差がある日本において、専業主婦だった女性が再び会社員として社会復帰するハードルは極めて高い。自立した生活を送るために、とりあえずの仕事場として、業界で働き始める方は非常に多い。

まして、それがシングルマザーである場合、事態はより深刻になる。日本において、別れた元夫から養育費をきちんと受け取れている女性は全体の二割にも満たないというデータがある。そのため働ける時間は短い、時間帯は限られるなどの制約が多いなか、養育費を捻出するために、より多くの収入を早急に得る必要がある。実際、水商売に従事する約二割の女性はシングルマザーであるともいわれている。

また、昼間の仕事の収入だけでは生活費が足りず、水商売の仕事を兼業している方や、起業したものの売上が立たず、収入の補塡として夜働く方もいる。学費を稼ぐため、奨学金を返すため、あるいは一人暮らしの生活費を稼ぐためなど、学業と両立させながら働いている方、他にも一般企業への就職が困難である層――たとえば、外国人労働者や、低学歴層、トランスジェンダーといった方々が水商売の仕事に就くことも多い。

コロナ禍においては、昼間の仕事を解雇される、または職場の休業要請によって収入がなくなり、水商売で生計を立てるようになったという話も多く聞く。こうした状況も鑑み、水商売の業界で働くことが決して特殊なことではなく、職業の一つとして、先入観なく認識される社会になることを願ってやまない。

†なぜ、水商売はイメージが悪いのか

ここまで、多様な水商売の業態、働き方を見てきた。

私は、水商売には、日本の経済を活性化する起爆剤となり得るポテンシャルが秘められていると考えている。

水商売は女性が活躍しやすい業界の一つでもある。前述のように、収入は必要だが、昼の時間帯に働けない、あるいはなかなか採用されない方や、昼の仕事だけでは生活費が賄えない方などのセーフティネット的な役割も果たしている。

さらに、日本は古くから特有の「花街文化」を形成してきた歴史がある。この花街文化は「粋」という言葉で表現され、ユーモアや思いやり、奥ゆかしさを持つ日本特有の文化

であり、日本の誇りでもある。

水商売が日本経済の起爆剤となり、女性活躍の場になっていくためには、我々が社会に認めてもらえるような、責任のある行動を徹底することが求められる。これを通じて、水商売の社会的地位の向上を目指していかなくてはならない。

接待飲食店、またはその従事者は、社会から差別的な扱いを受けることが多い。その多くは、一般社会から見た水商売のイメージが悪いことに起因する。一方で、一部の社会的に責任を持った行動を取っていない経営者、水商売従事者がいるために起きている問題もある。

次章では、水商売業界が抱えている問題点を取り上げていく。

コラム

水商売の法律問題

グラディアトル法律事務所　若林 翔

水商売の世界は、風営法という法律によって規制されている。業界のルールを知るにはこの法律を理解していただくのが良いのだが、私は法律の専門家ではない。そこで、キャバクラ、ホストクラブ、風俗店などナイトビジネス専門の法律相談ウェブサイトを運営されている、若林翔氏（グラディアトル法律事務所代表弁護士）にご寄稿をお願いした。

†キャバクラ・ホストと風俗、どっちが許可で、どっちが届出？

日本のナイトビジネス業界に深く関係する法律に風営法（「風俗営業等の規制及び業務の適正化等に関する法律」）がある。

風営法では、善良の風俗と清浄な風俗環境を保持し、少年の健全な育成に障害を及ぼす行為を防止するために、風俗営業及び性風俗関連特殊営業等について制限、規制をし、違反した場合、刑罰が科せられる（同法一条、四九条以下）。

第一条　この法律は、善良の風俗と清浄な風俗環境を保持し、及び少年の健全な育成に障害を及ぼす行為を防止するため、風俗営業及び性風俗関連特殊営業等について、営業時間、営業区域等を制限し、及び年少者をこれらの営業所に立ち入らせること等を規制するとともに、風俗営業の健全化に資するため、その業務の適正化を促進する等の措置を講ずることを目的とする。

風俗営業等の規制及び業務の適正化等に関する法律

キャバクラやホストクラブなどは、この風俗営業にあたり、都道府県公安委員会の許可を受ける必要があり、この許可を受けずに営業をした場合、刑罰が科されることとなる。また、ソープランドやデリバリーヘルスなどのいわゆる「ふうぞく」、性風俗は、性風俗関連特殊営業等にあたり、都道府県公安委員会に届出書を提出する必要があり、この届出をせず営業をした場合、刑罰が科されることとなる。

このように風営法では、風俗営業と性風俗関連特殊営業等とで、一方は許可制をとり、他方では届出制をとるという異なった規制をしている。

風営法には許可制の業態と届出制の業態が区別して定められている。

許可制とは広く一般の国民が業務を行うことを禁止し、事前に審査を受けた上で、許可要件を満たし、許可を受けた人のみがその業務を行うことができるという制度だ。

一方で、届出制とはその業務を行うことを禁止されていないものの、業務を行うときには、事前に規定された情報についての書類を提出（届け出る）ことが義務付けられている制度である。

このような制度趣旨からすれば、一般的に禁止されている「許可制」の方が、規制は厳しいように思える。そして、キャバクラやホストクラブよりも性風俗店の方が規制を強化する必要があり、だからこそ性風俗店は「許可制」にすべきようにも思える。しかし、風営法ではその逆で、キャバクラやホストクラブが許可制で、性風俗店は届出制となっている。なぜだろうか？

許可制は、許可要件を満たした者に対しては、許可をする国（正確に言えば各都道府県の公安委員会）がその営業を認める、推奨するような側面を持つ。そして、性風俗は、国が営業を認め、推奨するのには馴染まないと考えられているのだ（『注解風営法Ⅰ』蔭山信、二〇〇八）。

性的な自己決定権や職業選択の自由など、個人の在り方を受け入れている現代において、古いカテゴリーのみで構成された現行法では、多種多様なアイデンティティをカバーしきれていない感が否めない。

†風営法の抜け穴・グレーゾーン

風営法の分野では、夜の店の経営者の進化と法律とのイタチごっこのような現象が起こってきた。

一つの例として、テレクラがある。テレクラは、男性が店にお金を払い、女性から電話がかかってくるのを待つ。女性は自宅、公衆電話、携帯電話などからお店の番号に電話をし、男性はかかってきた電話で女性と話をし、気の合った女性と外で会うことができるという仕組みだ。

テレクラの番号は、雑誌の広告や街頭で配布されるティッシュなどで広く広告され、未成年でも利用ができた。そのため、児童売春の温床になっているなど問題点が指摘され、二〇〇一（平成一三）年の風営法改正により、店舗型（無店舗型）電話異性紹介営業として規制の対象とし、テレクラの営業を行う者は、都道府県公安委員会への届出が必要となった。

また、最近の例としては、出会い喫茶（出会いカフェ）が挙げられる。出会い喫茶は、待機室で待機する女性を店に訪れた男性が指名をして話などをし、気の合った女性と外で会うことができるという仕組みだ。

この出会い喫茶もテレクラ同様、見知らぬ男女が出会いを目的（その多くは性交等を目的）とするもので、売春や児童売春の温床になっているなどの問題点が指摘された。

そこで、二〇一〇（平成二二）年の風営法改正により、店舗型性風俗特殊営業として規制の対象とし、出会い喫茶の営業を行う者は、都道府県公安委員会への届出が必要となった。

現在でも、風営法の隙間を縫うようなグレーゾーンのような業態はいくつかある。

近年の摘発事例として多いのがガールズバーだ。キャバクラなどの接待を伴う飲食店では、風営法の許可を得て営業しなければならない。そして、風営法では、接待を伴う飲食店の営業には時間制限がある。すなわち、深夜〇時（繁華街などでは一時）から午前六時までの時間の深夜営業が禁止されている。

ガールズバーは、この深夜営業の時間制限を受けない「深夜酒類提供飲食店営業」の届出を出して営業しているケースが多い。キャバクラではなくて、バーです、普通の飲み屋さんですという建前で営業をしているのだ。

ここで問題となるのは、風営法の許可が必要なキャバクラと、許可が不要な飲食店との違いである。境界線はどこにあるのだろうか？

†「接待」の定義

その境界線が「接待」だ。コロナ禍で「接待を伴う飲食店」という言葉をよく耳にした、あの「接待」である。ただ、「接待」の定義や判断方法については一般にあまり知られておらず、ガールズバーの経営者ですら理解をしていないことが多い。夜の街では、カウンター越しのみの営業なら「接待」ではなく、ボックス席などで席にキャストがつくと「接待」にあたるという都市伝説がまことしやかに囁かれているが、これは間違いだ。

風営法では、「接待」について、「歓楽的雰囲気を醸し出す方法により客をもてなすこと」と定義されている。なかなか抽象的でわかりづらい定義だ。この定義については、警察庁が風営法についての解釈運用基準という通達を出して、より詳細に説明がなされている。具体的には、「営業者、従業者等との会話やサービス等慰安や歓楽を期待して来店する客に対して、その気持ちに応えるため営業者側の積極的な行為として相手を特定し興趣を添える会話やサービス等を行うこと」と説明されている。

通常の居酒屋などで大将と客が話をする程度ならよいのだが、それを超えて、特定の客に対して継続的に談笑したり、カラオケをしたり、お酌をしたりなどすると「接待」に該当すると判断されてしまう。カウンター越しであっても同じことだ。

この「接待」に該当するかどうかについては、概ね、キャバクラ同様のシステムがあるかどうかを基準に考えればよいだろう。同伴やアフター（営業終了後にカラオケや飲食店などで客と飲食などをすること）というサービスがあるか、指名制度やドリンクバック制度（客が注文したドリンクに対してキャストに現金がバックされること）があるかどうかなどだ。また、出勤キャスト数と客席数の関係性も重視される。客席数が一〇席の店で、通常のバーであれば、店員は二〜三名程度だろう。ガールズバーで、客席数が一〇席の店であるにもかかわらず、キャストが一〇人出勤していたとしたら、それは接待をするために出勤していると見られるのだ。

そして、ガールズバーが深夜酒類提供飲食店営業の届出で営業をしており、キャバクラなどの営業で必要な接待飲食店の許可を得ていないにもかかわらず、「接待」をしてしまった場合には、本来許可が必要であるにもかかわらず、許可を取っていないとして無許可営業で逮捕されてしまう。

†水商売の新たな分野と、遅れる法整備

近年出てきた新たなサービスに「オンラインキャバクラ」や「ギャラ飲み」といったサービスがある。

オンラインキャバクラは、キャバクラのキャストなどが、ZOOMなどのビデオ通話アプリを利用して接待をするというサービスだ。

ギャラ飲みは、主に男性の飲み会の場などにキャストの女性が訪ねていき、一緒にお酒を飲むなどするサービスだ。

風営法の目的、すなわち、善良の風俗と清浄な風俗環境を保持し、風俗営業の健全化に資するためその業務の適正化を促進する等の措置を講ずることからすれば、オンラインキャバクラやギャラ飲みも風営法で規制されても良さそうだ。

しかし、現状の風営法は、これら新しいサービスを想定しておらず、風営法上類似の制度はあるものの、これらのサービスを規定する条文はない。

キャバクラなどの接待飲食店営業は、風営法上、設備を設けて客を接待して飲食をさせる営業とされているところ、オンラインキャバクラは「設備を設けて」いないので、接待

飲食店営業というには無理がある。

また、風営法上の「映像送信型性風俗特殊営業」とは、専ら、性的好奇心をそそるため性的な行為を表す場面又は衣服を脱いだ人の姿態の映像を見せる営業で、電気通信設備を用いてその客に当該映像を伝達することにより営むものとされている。そのため、現在あるオンラインキャバクラでは性的な行為を表す場面又は衣服を脱いだ人の姿態の映像を見せるようなことは想定されておらず、「映像送信型性風俗特殊営業」ともいえないだろう。

他方で、ギャラ飲みについてみると、風営法上、「接客業務受託営業」という類似の制度が規定されている。しかし、「接客業務受託営業」とは、専ら、接待飲食店などから委託を受けて当該営業の営業所において客に接する業務の一部を行うこととされており、飲食店ではなく客からの依頼で、客が飲んでいる場所を訪れるギャラ飲みは「接客業務受託営業」には該当しないだろう。

このように、夜の街のサービスは、日々、新しい業態が出現するが、風営法はなかなかその進歩に追いつけていない現状もある。

†夜の世界の独自ルール？

二〇二一年五月一五日、キャバクラ経営者でYouTuberでもある桜井野の花さんが風営法違反（無許可営業）で逮捕され、懲役六カ月、執行猶予三年、罰金一〇〇万円、没収約一〇〇万円、追徴金約四〇〇〇万円の有罪判決が下された。

この件で桜井さんは容疑を認め、「歌舞伎町のルールに従った」とコメントをしたと報道されている。

ここでいう歌舞伎町のルールというのは、桜井さんが経営していたキャバクラの名義について別人の名義にしていたことを指している。

歌舞伎町を含めた繁華街、夜の街では、経営の実権を握るオーナーではなく、別の人や別の会社の名義で風営法の許可を得ているケースが散見される。その理由としては、オーナー自らが逮捕の手を逃れたいというものや、複数店舗を経営している場合に、一つの店舗への捜査や摘発の影響が他の店舗に及ばないようにしたいという理由がある。

しかし、自らの名義で経営をしない場合には、桜井さんのケースのように、無許可営業や名義貸しで逮捕されてしまうことがある。

風営法では、店舗の営業を営む者である経営者が自身の名義で許可を取る必要がある。この経営者は実質的な経営者でなければならない。そのため、従業員などの名義で許可を得ていた場合に、実質的な経営者が別にいるとなると、その実質的な経営者は本来、自身の名義で許可を得なければならないにもかかわらず、その許可を得ていないということで、無許可営業となるのだ。

他方で、従業員側も、経営者ではないにもかかわらず自身の名義で許可を取り、実質的な経営者に対して許可名義を貸したという名義貸しとなる。

そして、無許可営業は、二年以下の懲役、二〇〇万円以下の罰金という風営法の中では重い刑罰が定められている。それだけではなく、組織犯罪処罰法（組織的な犯罪の処罰及び犯罪収益の規制等に関する法律）という法律にも抵触する。組織犯罪処罰法では、「犯罪収益」を没収・追徴できる旨が定められている。その「犯罪収益」には、風営法上の無許可営業による収益も含まれると記載されている。

無許可営業による利益が犯罪収益であるとされると、その利益の没収や追徴をすることができる。

桜井さんのケースでは、没収約一〇〇〇万円、追徴金約四〇〇〇万円が科されている。自己の名義で許可を取らないという「歌舞伎町のルール」は、これだけ大きなリスクを内包しているのだ。

†高級店とぼったくり店の境界線は？

銀座の高級クラブや歌舞伎町のホストクラブなどの店舗では、通常の飲食店と比べて高額なお会計になることが多い。高級シャンパンなどの高額なお酒を複数注文するような場合には、お会計が一〇〇万円を超えることもある。金額が高額になったからといって、それがすぐさま「ぼったくり」になる訳ではない。では、高級店とぼったくり店の違いはどのようなところにあるのだろうか？　また、法律はぼったくりをどのように考えているのだろうか？　まずは、近年話題になったぼったくりの手口の具体例を紹介しよう。

今から数年前、新宿歌舞伎町でぼったくりバーが流行り、歌舞伎町交番の前にはぼったくりの被害者とぼったくり店の人たちで長蛇の列ができていた。このぼったくりは、まず、キャッチ・客引きが「四〇〇〇円で飲み放題のキャバクラがある」などと客を勧誘して、ぼったくりバーに連れていく。客は客引きから案内された料金で飲めると思い、ぼったくり店で酒を飲む。いざ、会計になったら、何十万という料金を請求される。困った客が交番に行くも、警察は「民事不介入（犯罪にならないお金のトラブル・民事事件は警察の仕事ではない）」だと言って、ぼったくり店との争いに介入せず、客は泣く泣くぼったくられてしまう。歌舞伎町で流行った手口はこのようなものだった。

あまりにぼったくり被害が多く、社会問題化したため、警察もぼったくり防止条例などを適用して、ぼったくり店の摘発を行うようになり、歌舞伎町でのぼったくり被害は減少した。しかし、その後も、新橋、秋葉原、池袋など舞台を変えて、ぼったくり被害は発生している。

ぼったくりとは、暴利で法外な料金を奪い取ることだ。料金の多寡だけで、ぼったくりかどうかが決まるわけではないだろう。

料金自体が高額であっても、客がそのことを承知でサービスに対する対価を支払っているのであれば、ぼったくりではない。

すなわち、客が納得できる金額なのかどうかがその判断基準となるだろう。ただ、その客の納得できる金額という点は、あいまいで、ぼったくり店を摘発する法律や条例には馴染まない。そこで、法律・条例では、料金の金額ではなく、客の勧誘方法、料金の表示、取立方法などの観点から規制をしている。風営法では、料金等を客の見やすいように表示することを義務付けている。東京都の「ぼったくり防止条例（正式名称：性風俗営業等に係る不当な勧誘、料金の取立て等及び性関連禁止営業への場所の提供の規制に関する条例）」では、実際の料金よりも著しく安いと誤認させるような勧誘方法を禁止し、料金等を客に見やすいように表示することを義務付け、乱暴な言動や所持品を預かるなどの迷惑な方法での料金の取立てを禁止している。

このように、法律・条例では、ぼったくりについて、その料金の多寡ではなく、勧誘方法、料金表示、取立方法などの事情から規定をしている。本質的には、客がどのような認識をもったのか（高級店だという意識で店に入ったのか、一時間四〇〇〇円だと思って入ったのかでは認識が違う）、という点を推知するような外部的な要素に焦点を当てて規制がされているのだろう。

†風営法改正と既得権

二〇一七年、埼玉県の大宮にあるソープランドで火災が発生し、多くの人が死傷するという痛ましい事件が起きた。その際に、ソープランドなどの店舗型の性風俗店での増改築が制限されており、古い建物が多いことなども火災の一因となっているのではないかという報道も散見された。

防火設備を整えるように改築を行えば良いのではないかとも思われるが、そうもいかない事情がある。

そもそも、風営法では、ソープランドや箱ヘル（ファッションヘルス）などの店舗型の風俗店が営業できる地域を限定している。具体的には、学校などの条例が定める施設から二〇〇メートル以内の区域及び善良の風俗若しくは清浄な風俗環境を害する行為又は少年の健全な育成に障害を及ぼす行為を防止するため必要があるとして条例が定める地域において、店舗型の風俗店の営業が禁止されている。

現状では、ほとんどの地域で新たに店舗型の性風俗の営業が禁止されている。一方で、風営法の改正前など、当該地域が禁止地域になる前から風営法の届出を出して営業をしている者には、その既得権を保護すべく、営業を継続して営むことが許されている。

しかし、この既得権は、現状の店舗の範囲内でのみ認められている。そのため、個人で届出を出している場合には、M&Aなどで他者に既得権を引き継ぐことはできない。また、店舗の新築、増築、移築などにより現状の店舗が変わってしまうような場合にも既得権は消滅してしまう。

今ある店舗型の風俗店の多くはこの既得権により営業をしているため、店舗の現状が変わってしまうような大幅な増改築ができないのだ。

一九六六（昭和四一）年六月二七日、参議院地方行政委員会において、当時の今竹儀一警察庁保安局長は、「現にあるものについての第四条の四の第三項の解釈でございますが、これは私ども繰り返し申しておりますように、現に公衆浴場法の許可を受けて営業を営んでおる者の当該浴場業にかかわる営業に限るものである、こういう趣旨でございますので、こういう適用しないというものにつきましては、いまさっき申しましたように、増改築されたものはだめであるとか、あるいは代がわりをしたものはだめであるとかというように厳格に適用してまいりたい、かように考えております」と述べており、増改築等については厳格に考えられている。

店舗型の風俗店を減らして街をきれいに見せたい、健全な風俗環境を保持したいという趣旨の規定なのだろうが、増改築の禁止を厳格にすることは、火災や地震などの災害時における被害拡大という懸念を生じさせてしまうのが現状だ。

〈プロフィール〉

若林翔（わかばやし・しょう）

埼玉県さいたま市（旧大宮市）出身。地元の公立小学校、中学校を卒業し、早稲田大学付属本庄高等学院、早稲田大学法学部、慶應義塾大学大学院法務研究科を卒業し、司法試験合格。グラディアトル法律事務所代表弁護士。YouTubeチャンネル『弁護士ばやし』を運営。趣味は、釣り、ゴルフ、キックボクシング、読書（Kindle内に五〇〇〇冊以上の電子書籍を所有、大半は漫画）など。

キャバクラ、ホストクラブ、風俗店などナイトビジネス専門の法律相談ウェブサイトを立ち上げ、摘発事例やよくある相談、裁判例などを解説するコラムを積極的に執筆している。YouTubeチャンネル『弁護士ばやし』では、ナイトビジネスを含めた法律問題の解説を行っている。

事務所名である「グラディアトル」は、古代ローマの剣闘士を意味し、依頼者のために戦うという意味を持つ。

グラディアトル法律事務所

https://www.gladiator.jp/fuzoku-komon/

第三章

差別的取扱いと風営法

1　さまざまな差別的取扱い

†助成金や補助金からの除外

水商売の多くは、いわゆる中小企業（サービス業においては、資本金の額又は出資の総額が五〇〇〇万円以下の会社又は常時使用する従業員の数が一〇〇人以下の会社及び個人）である。だが、一般の中小企業とは区別され、公的支援からほとんど除外されている。

補助金や助成金などが新設される際、行政は前例に則ってルール作りをするのが一般的だ。これまで、各種補助金や助成金の対象にいわゆる「水商売」の業態が含まれたことはほとんどない。だから、コロナ禍における「持続化給付金」や「雇用調整助成金」などが新設された際にも、当初は当たり前のように「接待飲食業は除外」とする文言が明記されていた。

また、第一章2で中小企業庁との攻防の様子を伝えたが、セーフティネット保証からも、飲食を主としない風俗営業（接待飲食業）は除外されていた。

改めて説明すると、セーフティネット保証とは、困難な状況に陥った中小企業が信用状況の悪化によって銀行から融資を受けられなくなってしまったときに、国が再生可能と判断した場合、特別に借り入れを保証し融資を受けやすくする、というものだ。国が制度として再建を保証し、利子分も補給するので、金融機関にとっては貸し倒れのリスクがなくなる。

平時であれば、国家にとって有用な企業や業態を絞り、それを指定業種として支援するという主旨のものであるが、コロナ禍においては緊急、災害時ということで特別に指定を外し、業種に区別することなく支援することになった。

〈セーフティネット保証制度〉
一号：連鎖倒産防止（令和三年六月二九日更新）
二号：取引先企業のリストラ等の事業活動の制限（平成三一年一月四日更新）
三号：突発的災害（事故等）
四号：突発的災害（自然災害等）（令和三年一〇月一五日更新）
五号：業況の悪化している業種（全国的）（令和三年七月二六日更新）

六号：取引金融機関の破綻
七号：金融機関の経営の相当程度の合理化に伴う金融取引の調整（令和二年一二月二五日更新）
八号：金融機関の整理回収機構に対する貸付債権の譲渡

新型コロナウイルス感染症の影響を鑑み、関連する各号にコロナ関連の更新が行われた。コロナ禍で苦境に追いやられた中小企業は、今後も事業を継続することを前提に、金融機関の融資に際して右記四号と五号の併用で支援を受けることができる。

しかし前述のとおり、セーフティネット保証五号の指定業種から、飲食を主としない風俗営業（接待飲食業）は除外されていた。融資の際の保証を審査するのは、信用保証協会という中小企業庁の外郭団体である。信用保証協会は各地域に民間団体の体《てい》で存在しており、コロナ禍以前は、同協会が示す不支給要件に

①風営法第三条の風俗営業の許可を受けているもののうち、**社会的批判をうける恐れのあるもの、または特に高級なもの。**

②風営法第三二条の深夜における飲食店の規制の適用を受けているもののうち、特に高級なもの。

とあり、曖昧な表現となっていた（東京信用保証協会「信用保証対象外業種一覧（平成三〇年）」）。

この状態では、いくら補助金や助成金が新設されたとしても、結局は接待飲食業を除外したいという意図が込められており、現場ではこれを拡大解釈して実際に除外するといったことにつながった。この後、セーフティネット保証の指定業種から接待飲食業の除外を阻止した経緯は、第一章2で伝えたとおりだ。

また、コロナ患者の増加をさせたという曰く付きの「Go To Eat」からも、接待飲食店は除外をされていた。

一般企業と同じように、あるいは一般市民と同じように納税を行っていても各種助成金からは排除されてしまうなら、納税意欲が減退してしまうことにつながりかねない。正当に義務を果たしている企業や人には、正当な権利を与えるべきである。

†銀行口座をつくれない

行政からだけではない。水商売の業界は、民間企業からも別物扱いを受け続けている。もっともわかりやすい事例が、「銀行口座を作れない」ということである。水商売に関連する企業や団体は、金融機関で新規口座を開設するのに非常に苦労する。そんなバカな、と思われるかもしれないが、れっきとした事実である。

実際、我々「日本水商売協会」は、二〇一九年の登記を目指し、二〇一八年六月から準備を進めてきた。登記と共に銀行口座が必要だったが、我々は借り入れをする予定もなかったので、利便性を重視し、大手都市銀行に新規口座の開設を依頼した。しかし、却下。いずれにせよ銀行口座は必要なので、別の都市銀行で申請をしてみた。ところが、ことごとく新規口座の開設を断られた。結果、三〇行ほどに新規口座の開設を申請し、実際に開設できたのは一行。最初の銀行に申請をしてから、実際に口座を開設するまでには実に二年かかったのだ。

当事者である店舗ではない、我々のような業界団体でさえ、こうした状況である。実際の店舗や企業などの苦労がこの比ではないことは、想像に難くない。

金融機関は、申請を却下した理由を明確にはしない。しかし、銀行の口座開設窓口の担当者からは「水商売」という名前を別の表現にするか、濁すか、曖昧にできないか？という相談は多数あった。

私が協会以外に経営している会社の口座開設の際にも、同じようなことがあった。私の会社の主な事業内容は、キャストが使用するウェブシステムの開発・運営だ。その事業のために新規口座を開設する際も「申請のときには営業先が水商売関係であることを明記しないように」と口頭ベースで担当者からアドバイスをされた経験がある。

このように、キャバクラ経営者なども「飲食店」と詐称して申請をすれば、銀行の口座開設や融資等が通る可能性がある、という理不尽な暗黙の了解がある。正直に申告するところがNGとなり、お金のやりとりのために実態のない企業を作ったり、業態の詐称をすればOKとなるという、なんとも理不尽な仕打ちである。これが、水商売業界がグレーだと見られる理由の一つであるが、我々は好んでこのようなことをしているわけではない、ということはご理解いただきたい。

†融資を受けられない

同様に、金融機関からの融資が受けられない、という問題もある。口座開設すら難しいのだから、当然の流れである。水商売が金融機関からの融資が受けられないのは、事業の業績や担保がないからではない。多くの場合、申請自体ができないのだ。

二〇二〇年四月の緊急事態宣言中の休業などで苦しくなった店舗が、日本政策金融公庫に新型コロナウイルス感染症特別貸付を申請しようとしたところ、申請自体を断られるという事態が相次いだ。

たとえば、六本木でホステスさんを一〇〇人以上抱える老舗クラブ二店舗を経営する、ある企業。このコロナ禍の休業などで、支払った空家賃などの経費は、系列二店舗で毎月八〇〇〇万円近くになる。このように家賃の高い地域は特に大きな打撃を受けたため、融資の相談に行った。もちろん、反社会的勢力とのつながりもない。健全経営をポリシーとしている。しかし、売上が大きいこと、客単価が高いということ、飲食が主目的でないことなどを理由に融資の申請自体が断られたのだ。

この理由には色々な疑問が湧いてくる。

まず、売上が大きいことは、一般的にはむしろ回収の見込みが高いという判断を導くものではないか。利益率も重要な判断材料になるはずだが、それには触れていないことも不可解だ。

次に、客単価が高いことの何がいけないというのだろう。ぼったくり店などの悪質店舗と同一とみなしているということだろうか。しかし、同店舗ではぼったくりはない証に、風営法に基づいて見やすい位置に明確な料金表示をしている。また、ぼったくり店は、「公序良俗に反する」店舗であるという定義があるが、風営法の許可は、本来「公序良俗に反していない」店でないと下りないはずである。もしも、ぼったくり店と同義とされているのなら、ここに明らかなる法的解釈の矛盾が生じていることになる。

最後に、飲食が主目的でないとなぜダメなのか。ここが物事の核心であるように思う。おそらく、最初から、接待飲食店には融資を行わないと決められているという意味だろう。しかし、合理的な説明ができないから（合理的な理由がないから）、なんだかんだと理由をつけている、そんなふうに見える。

風俗営業の許可の有無は社会的信用とは無関係である実態が、ここから垣間見られる。

ちなみに本件は、後日、日本水商売協会から自民党本部への働きかけにより解決し、当面の間、融資の申請は受付けられることになった。とはいえ、いまだに窓口の担当者にまで接待飲食業が融資の申請をできるようになった事実が浸透しているわけではなく、申請を断られてしまうこともあると聞く。金融機関にとって、窓口に周知させるほどの重要な変更事項と捉えられていないからではないだろうかと危惧している。

これはあくまで想像の域を出ないが、金融機関は金融庁と密接な関係にあり、「水商売」への積極的な関与はＮＧとのお達しが出ている可能性がある。これは、水商売が反社会的勢力とつながっているというイメージからくるものではないだろうか。

このコロナ禍を機に、申請自体が断られる事態をなくしていきたい。

†大企業との取引ができない

水商売関係者は、大手企業と取引ができない、という話もある。これは私自身、幾度となく経験をしている。

先に説明したように、私の会社は水商売の店舗を経営しているのではなく、キャストが使用するウェブシステムを提供している。このシステムを開発する際のシステム会社とのやり取りでも、上場企業の場合は特に、初期段階で「待った」がかかる。

「弊社のコンプライアンス的に、基本的には夜の業態関連企業との取引はNGなんです」。これも「業界あるある」すぎて、当時は特に何とも思わずスルーしていた。しかし、本来は理不尽な話である。水商売のキャストが使うシステムの開発が、コンプライアンスの何に抵触するというのだろう。

こういう場合、結局のところは、別の会社を一社挟んでの取引となるか、審議の末に特例として認められるか、あるいは「コンプライアンス規約に反する」ということで却下されるかのいずれかである。反社会的勢力と関わることのリスクを少しでも減らそうという意図は理解できるが、このような「コンプライアンス」が当たり前のように世の中の基準となっていることが、我々が差別されることが当たり前とされる風潮を根付かせているのではないだろうか。

大企業でも、接待飲食業と密接に関わる事業を営んでいる場合はこのような対応はされない。ますます不可解な「コンプライアンス」である。

†水商売が反社会的勢力とつながりやすい理由

確かに、水商売の経営者が反社会的勢力とつながっているケースは、ないわけではない。

客がツケで飲食したにもかかわらず支払ってもらえないようなケースでの売掛金の回収や、もめごとの仲介役として、必要だという話も聞く。

しかし、そのつながりは、年々薄くなっていっているのが事実である。暴力団対策法、通称「暴対法」によって、みかじめ料の支払いによるメリットより、リスクが上回るようになったからだ。今や、暴力団によってトラブルの解決を図るようなことは、ほとんどない。

では、現状はどのような部分でつながりやすいかといえば、資金面である。先に説明をしたように、水商売業界の企業や店舗は、金融機関からの融資を受けられる可能性は低い。融資が受けられないからこそ、反社会的勢力の資金力がものを言う状況になってしまっているというわけだ。実際、反社会的勢力からの資金提供を受けて運営している店舗もある。これは卵が先か、鶏が先かのような問題で、このままでは悪循環に陥ってしまいかねない。

そして、一度反社とのつながりの疑惑が持ち上がると、自らの潔白を証明することは極めて困難なのだ。「悪魔の証明」と同様に、反社とのかかわりがあることは事例が一つあれば証明できるが、反社とかかわりがないことを証明するのは非常に困難であり、現実には不可能であると言ってよいだろう。不存在の証明というものは極めて難しいのである。

ある意味、業界全体も昔のイメージを引きずったまま、潔白の証明ができずにいる状態だ。例外的に、有名老舗クラブや、貯蓄や担保が潤沢にある企業や店舗に関しては、融資が受けられたという事例がある。しかし、裏を返せば、それ以外の水商売関連の企業や個人は、申請すらできずに門前払いされているということだ。金融機関で口座を作れないことを見れば、それも推して知るべしである。

そのため、水商売の業界人は、金融機関から融資を受けて店を開こうという意識が元々ない。正確にいえば、そういう発想を持ちにくい環境にあるのである。

たとえば、銀座などの高級繁華街では賃貸契約時に一二カ月分の敷金を現金で納めなければいけない、というケースもある。ただでさえ店舗の家賃は一〇〇万円を超えることがざらなのに、その一年分。他に内装やグラス類、お酒の仕入れ、採用に関わるお金などを考えると、開店資金は簡単に「億」を超える。一人の女性が、自己資金だけで億を用意するのは、たとえそれまで超売れっ子ホステスだったとしてもたやすいことではない。むしろ、自己資金だけで開店資金を調達することは不可能に近い。

その場合、裏社会からの資金が流入したり、「パパ」から資金提供を受けたりと、不健全なお金が動くことになりやすい。業界全体として、今以上に健全に事業として店舗経営ができるようになるためには、金融機関の公平な処遇による融資が必要不可欠である。

†水商売従事者は家を借りられない？

水商売の「別物扱い」の問題には、家を借りることが困難であることも含む。水商売の従事者は、家を借りられない、借りにくいという事実が歴然とある。ごく簡単にいえば、勤務時間が昼か夜かというだけで、審査に通る・通らないが分かれるということなのだ。

賃貸契約には信用問題も関わってくるため、信用情報に基づいて公平な判断が下されている可能性もあり、何ともいえない部分はある。だが、実際に従事者はそれで困っている。

そこで、店舗側で借り上げの寮を用意したり、一般企業に就職をしているように偽装をして賃貸契約の審査を受けたりというケースもよく聞く。「水商売専門」の賃貸不動産屋というものも存在する。通常の賃貸契約よりも割高になることがほとんどだが、それでも審査に通るならば、と需要は多い。

このように、水商売の業界で仕事をしているというだけで、社会的に「別物扱い」される、虐げられることが多々あるのである。

2　水商売側の問題

†脱税や納税忘れ

ここまでは、いかに水商売の業界が社会的に虐げられてきたか、について紹介してきた。では、水商売の業界人たちには何の落ち度も問題もないのかといえば、そんなことはない。ここからは、業界や業界人たちが抱える問題について取り上げていく。

まずは納税の問題である。

世間からバッシングを受ける際に、まず言われるのが「納税していないくせに」という言葉である。確かに、水商売の経営者や従事者の中には、納税の義務を果たしていない者も一定数いる。これは、そもそも納税する気がないという悪意のあるケースと、「申告の仕方がわからない」という本人としては悪意がないケースとが混在している。

悪意のある事業者は、そもそも無許可で営業をしていたり、届け出と実体とが違う営業状態になっていたりすることがある。申告するとそれがバレてしまうために、申告できないのである。

さらに、水商売の店舗は二年未満で閉店する店舗が全体の二割以上と極めて多く、税務調査の手が回らないという現状もある。税金を逃れるために移転する場合もごく少数あるが、たいがいは売上が立たずつぶれてしまうケースだ。どちらにしても、税務調査が入らなければ脱税のペナルティを受けないので、これでは「納めなくても、デメリットがない」ということになってしまう。

現状の水商売業界は、言い方は悪いが、正直に納税する事業主がバカを見るような状態になってしまっている。この現状を変えることが、我々日本水商売協会のミッションでもある。

自民党への働きかけにより、コロナ対策関連の補助金や助成金を風俗業も得られるようになった。このように、納税の義務を果たしていれば正当な権利を得ることができ、悪質な脱税などのケースには直ちに税務調査が入るという状態が理想だ。そのためには、少なくとも順法者の得られる通常の権利で、現状得られていないものに関しては声を上げ続けなければならないと思っている。「法律を守ったほうが得」「順法でないと、営業活動が続けられない」という状況になれば、事業者も意識をするはずなのである。

ここまで見てきたように、意図的、あるいは悪意を持って納税の義務を逃れようとしているケースもある一方で、単純に「申告の仕方がわからない」「納税の重要性を理解していない」という場合もある。税金の納め方などを学校で習うことはなく、若いキャストたちは高校生時代のアルバイトの延長のような感覚で働き始めるケースが多い。しかも、納税していないことによるデメリットを感じることもなく、ここまで来たという感じの人が多いだろう。

しかし、今回の持続化給付金のように、不測の事態において納税者だけに助け船が出されることを身近に体験し、納税に対する意識が上がった人も以前よりは多いはずである。

社会人である以上、無知ということ自体が悪意のある罪と同等に罪深い、と捉えることもできる。しかし、罪の深さはともかく、我々協会にできることをやるしかない。申告の重要性を啓蒙し、やり方を伝えることで改善する問題なのだとすれば、講習会開催や税理士紹介などを愚直に行っていくしかない。業界全体として意識向上に取り組むことが必要だと考えている。

さらに、これらの問題は売上データを管理できるPOSレジの導入によって解決するのではないかと思う。給料手渡しの悪しき風習も、そろそろ終わりにしなければいけないだろう。

現状の給与支払いは、紙の伝票を元に売上管理ソフトなどに入力し、そこから報酬の計算をして明細書と共に封筒に入れて手渡しまたは銀行振り込み、という方法が主流である。飲食店で一般的になっているPOSレジのようなものを導入している店舗はまだまだ一部にとどまっている。この背景には、「お客様がどの女の子の客で、売上はどこにつけて……」など、飲食店よりややこしいことが多いという事情もあるが、現在は接待飲食業の仕様になっているPOSレジもある。

†正確なデータがない

こうした課題の背景に、水商売業界の店舗・事業者らの総合的な情報が網羅されたリストが存在しないという事実がある。これは、このコロナ禍で明るみに出た行政機関の問題の一つでもある。

歌舞伎町などでクラスターが発生したときに、保健所が主導してお店の実態調査などを行おうとしたが、保健所は食品衛生許可などで得られている情報しかわからない。風営法や見回りで得られている警察の情報、消防法で得られている店内構造などの消防の情報、納税の際に得られる情報などは一元管理されていない。

その上、このような繁華街では、町会のようなものも機能しておらず、隣の経営者が今どこの誰なのか、誰もわからない状況なのである。今後はマイナンバーを通して、これらが一元管理され、有事の際に活かされることを期待する。

この問題は行政機関の問題だけでない。他の業界ではマーケティングなどのために、企業として営業先の統計データを取得していたりするものだが、接待飲食業界においては大手酒類メーカーでさえ、店舗・事業者の正確な情報を持っていないといわれている。業界の実態を把握する上で重要な統計データや店舗リストを収集していける仕組みを作るのも、日本水商売協会の目標の一つである。

†「売上一億円」の真実

前節で、風俗業を営む店舗が金融機関から融資が受けられない理由の一つに「売上額が大きいこと」があると書いた。売上額が大きいのは事実だが、その上さらに「売上を大きく見せる」傾向があることも、この業界の特性だ。

夢を売る仕事は人気商売。人気のあるところに、さらに人が集まる。これはこの業界ならずとも当てはまる、自明の理である。特に歌舞伎町では「売上一億円」という言葉と、ホストの顔写真が大きく掲載されたアドトラックがたくさん走っている。「へー！　一億円なんてすごいな！」と、業界のからくりを知る前の私は驚いたものだ。アドトラックもレンタルをすると月額三〇〇万円かかるといわれている。

余談ではあるが、アドトラックによる効果に集客効果は見込んでいない。目的は採用のためのブランディングと売れっ子キャストの移籍防止とモチベーションアップだ。大きいトラックに自分の顔が大きく掲載され、街中を走り回ることに本人が満足してくれることこそが「効果」なのだ。

さて、この「売上一億円」は、真実か否か。このからくりを解説する。こういった話には、主に二種類のタイプが存在する。

一つ目は、極端な価格設定をしているパターン。お酒の値付けは店が行うので、極端な話、一万円で仕入れたシャンパーニュの定価を、一〇〇万円に設定することもできる。そして、定価一〇〇万円とされている飲み物を、たとえば一〇万円で提供する。当然、会計金額は一〇万円で計算するが、売上は定価で計算する。

業界では通常、店は売上に対する対価としておよそ五〇％（店や個人の契約によって割合は変わる）を報酬としてキャストに支払う。しかし、この場合は売上ではなく客の会計金額を元に給料が計算されるので、もちろん店が赤字になることはない。これは誇大広告に当たるのではないか？とも思えるが、誰も本気で調査をしたりするわけではないので、なんとなく許されている。

二つ目は、売上一億、売掛一億というパターン。これは極端な例ではあるが、売上に近い売掛金があるという場合のことだ。売掛金とは、自分の担当（指名）客が飲食代をツケにした場合、キャスト自身が報酬からツケ分の金額を店に支払うことだ。ツケの回収は後日、自らの責任において回収する。この仕組みは主に個人事業主として働くクラブのホステスやホストに適用される。この仕組みがないと、未集金となるリスクが高くても飲みに来てくれる客に飲食させ、そのぶんの報酬を増やすことができてしまうからだ。さらにこのような場合、店は客との関係性がないため、後日の回収は困難となり、店の経営が破綻してしまう。

売掛金がある場合は、報酬から売掛金分を丸々差し引くが、こうなると、報酬を売掛金が上回る可能性もある。仮に、売上一億、売掛一億の場合、店への借金が五〇〇〇万となってしまう。

いずれの場合も、本人のメリットが少ないように感じる。ここで、一つの疑問が湧く。なぜそこまでして、売上にこだわるのか。

宣伝になるから、あるいはブランディングの一環として行うという単純な理由が一つ。もう一つは、個人や店のプライドという主観に基づく理由。そして、その両方という場合もあるだろう。こういった売上の誇示はホスト業界で顕著ではあるが、クラブやキャバクラでも同じようなからくりが存在する。

とはいえ、本当に売上一億円の人物も存在すると聞いている。仮に存在しなかったとしても、客にとっては大きな問題ではない。嘘で固められた世界だからこそ、客自身も真実であることを求められないし、お金で楽しい時間を気楽に買える。夜の街は劇場であり、働くキャストたちは俳優だ。嘘というよりは演出であり、客から求められているものは、そもそも真実ではない。

それに、役柄を演じていてもそこは人。おおむね虚である男と女の間にかけらほどにある真実が、大きく心を潤すこともある。

売上を大きく見せるというのは、企業としては問題かもしれないが、水商売業界にとっては必要な彩りなのである。

†セカンドキャリアを築けない

接待飲食業から昼職への転職サイト「昼職コレクション」。
https://hirucolle.com/

働く女性たちの「セカンドキャリア」という課題もある。私が以前、銀座のクラブで働いていた頃、先輩ホステスが「この業界で働くということは、年を取るにつれて少しずつ売上が下がり、いずれお店にいられなくなって、そうなったら温泉宿の仲居さんにでもなって、後は野垂れ死にするだけよ」と言って笑っていたことがあった。この話を聞き、私にはあまりにもリアルで笑えなかった記憶がある。笑いながら冗談めかして言っていたが、本人にとっても、かなりのリアリティがある話だったに違いない。

彼女は新人の教育係を担当するほど接客も上手で、売れっ子のホステスであった。にもかかわらず、未来を見るとこういう話が出てくる。水商売では「若さ」を求められることが極めて多い。そのため、最前線で活躍できるのは二〇代前半から三〇代まで、という厳しい現実がある。それは、スポーツ選手の境遇と似ている。個人差はあるが、一時的に大金を稼げたとしても、その期間が長ければ長いほど、その後の就職は困難となる。

水商売従事者のセカンドキャリアの現状について、年間一〇〇〇名以上の昼職転職面談をしている昼職紹介事業『昼職コレクション』を運営する株式会社ゼロベータ代表取締役であり、日本水商売協会の理事でもある日詰宣仁《ひづめよしひと》氏は語る。

「去年の一回目の緊急事態宣言発令後、転職相談の数が通常月の二〜三倍に急増しました。夜職一本で生活している女性にとっては、収入源を断たれたので大打撃だったのです。

今企業は、コロナ禍により人を採用することにナーバスになっています。どうしても「即戦力を採用したい」という方針にならざるを得ず、ポテンシャル採用枠と認識されている元ナイトワーカーの（昼職コレクションを介した）就職内定率は、コロナ前に比べて下がっているのが現実です」

日詰氏によれば、キャストの転職を難しくしている二つの大きな課題がある。

一点目は、スキルが低い人が多いということ。仕事に役立つ資格はもちろん、基本的なパソコンスキルなどを身につけていないキャストは多い。学生からそのまま夜職を選択しているパターンも多いため、社会人としてのマナーや仕事の仕方なども、意識して勉強をする必要がある。

もう一点は、接待飲食店で働いている間に、高収入に慣れてしまうことだ。夜職から昼職に転職すると確実に収入は下がるが、そこに耐えられるよう、夜職以前の金銭感覚を保ち続ける必要がある。

これらの課題への対策として、「昼職コレクション」では、最低限のパソコンスキルも含めたデジタルスキル（プログラミング、コーディング、ウェブマーケティングなど）を身につけられるスクールを運営している。

併せて、金銭感覚に関してのマインドセットのオンライン講座も今後実施予定だという。

†履歴書に書けない「接待飲食業」

また、スキルや金銭感覚の問題以上に、水商売業界への偏見が、水商売従事者のセカンドキャリア構築を阻んでいると考えている。

彼女たちは、昼職を探そうと慌てて動き出しても、夜職でのキャリアは履歴書上では空白の期間としなければいけない現実に愕然とする。これまでの常識では、履歴書に「水商売」は書いてはいけない、書かないほうが良い、とされているのだ。

ナイトワークをしていた女性を、色眼鏡で見る人は多い。二〇一四年には、学生時代に銀座でホステスのアルバイトをしていた、という事実が発覚しただけで、日本テレビのアナウンサーの内定が取り消されたという報道があった。（後に内定取り消しは解除）

この内定取り消しの理由は「アナウンサーに求められる清廉性に欠ける」だったが、水商売＝清廉性に欠ける、という風潮は未だに残っている。

ただ、日詰氏によれば、元ナイトワーカーの女性をあえて採用したいという企業も存在する。接客を通じて培ったコミュニケーション力や、数字を貪欲に追いかける力、もちろん容姿が良いこともメリットの一つだという。

「セクハラに当たるので、求人情報には容姿について記載できませんが、裏条件として容姿端麗な女性を求めている会社は多いのです」

仮に容姿だけを求められるのであれば差別的なニュアンスを感じるが、資格や免許と並ぶ意味合いで、容姿端麗も条件の一つとして加えられるのは良いのではないかと、個人的には思うところである。

日本水商売協会が主催するセミナーの様子。

水商売業界への誤解や偏見が解け、一職業として今以上に尊重されるようになれば、業界を引退した後の就業率の改善につながる可能性もある。

先に紹介した先輩ホステスのような優秀な人材が、年齢的に水商売では仕事ができなくなったとしても、第二のキャリアをより良い形で再スタートできる社会が実現していけると、私は確信している。

そのためには、履歴書で経歴として記入できることが当たり前の風潮となること、夜職で働いている間に、セカンドキャリアに通じる知識や技能を身につけたり、起業の準備をすることなどが重要だ。日本水商売協会も、セカンドキャリアを考えるためのセミナーなどを定期的に開催している。

†教育の仕組みがない

一般企業では、社員教育があったり、マニュアルがあったりすることがさほど珍しいことではない。飲食店であっても、特に大手企業による経営の店舗では教育やマニュアルはある。

だが、接待飲食業界においては、教育も、マニュアルも存在しない店舗がほとんどだ。はじめての日に、おしぼりの渡し方、水割りの作り方、スタッフの呼び方だけ教わったら、すぐに現場に投入されるのだ。そして、店舗には定期的なミーティングがあるわけだが、業界人はこれを教育だと思っている節がある。ミーティングといっても、「今月も頑張りましょうね」と社長やママからのお達しがあるのみである。

これでは、働く側にとっては、頑張ろうと思っても、何をどう頑張っていいかもわからない。すると、「やる気があれば、売れている子から見て盗むものだ」と言われる。「見て盗めないなら、やる気がない証拠だ」と。いつの時代だろうか。世の中でこのような教育方針が一般的だったのは。新人を教育する仕組みがないのは、残念ながら業界が時代遅れとみなされてしまう原因の一つとなっているのではないだろうか。

有名なママさんの書いた本で学んでみようと思っても、本には「お客様の名前と顔を五〇〇〇人は一致させてこそ、一流だ」などと書いてある。正直な話、私なら絶対に無理だ。いや、私だけでなく、大多数の子が無理だろう。記憶力は、努力でどうこうなるものではない。ビジネスの勝敗が、人の記憶力頼りになっているなんて、なんとも不安定である。

ではなぜ、業界には教育やマニュアルのようなものが存在しないのか。それは、「何を教えたらよいかがわからない」からだ。売れている人がどうやって営業をしていて、何を話して、新規でご来店いただいてからリピートにつなげるのか。その経過がヴェールに包まれている。ホステス、キャストたちは、仲間でありライバルであるため、自分の成功パターンを積極的に共有もしない。

営業方法だけではない。お酒の知識もしかり、食事のマナーもしかり。社会人としてのマナーなど、仕事に関わる、本来教えるべきことはたくさんある。ただでさえ、働く女性たちは二〇代前半も多い。社会人経験が浅いまま働いている人が普通なのだ。

日本水商売協会は、このような業界の教育の課題も解決しようと、ホームページに仕事のノウハウをまとめたコーナーを作ったり、セミナーを開催したりと奮闘している。

悪質なスカウト

キャストが働く店舗を決める際、店を知っている人に働く店を紹介してもらうという方法がある。実際に働いている女の子からの紹介や、お客様から紹介をされることもあるが、一番多いのは、やはりそれを生業としている人（主に男性）からの紹介だろう。業界内には、スカウト会社と紹介会社、そして個人で動いているパターンの三種類がある。一般的に「スカウトマン」と一括りに呼ばれがちだが、許認可を取得している紹介会社と、スカウト会社や個人のように違法な企業や個人とは大きく違う。

職業紹介事業は免許制度であることを知らない人も多いが、その免許を持っている会社はほとんどない、と言っても過言ではない。たいていの「スカウトマン」はどこかの店舗に所属し、自店舗へ女の子紹介を行っているか、つながりのある店舗のうち、スカウトマン自身が紹介で得られる報酬が一番高いお店へ誘導することで自分や店の利益としている。

だから、良質な店か悪質な店か、その子の希望に沿った店かそうでないかではなく、自分にとっての都合で店を決め紹介をする、という流れが多い。そして、A子を、A店からB店、B店からC店へと移籍させるたびに報酬が出るという報酬制度もあるため、A子は本人の意思に反してコロコロと移籍をするはめになり、客からの信用も薄れ、売上が下がる、という事態に巻き込まれることもある。

店も、女性も、客も、長期的にみれば得をする話ではなく、市場全体でみると「紹介料」のような無駄な費用が発生しているぶん、市場を縮小させる要因の一つとなってしまっている状況だ。

しかも、ご存知のとおり、路上でのスカウトは違法行為だ。だから、許認可のある紹介会社は、自分から声をかけていくスカウト行為をせずに、ハローワークのように受け身で働きたい方の相談にのる。このような真実を知り、店を探している側も気をつけてほしい。

それ以外に募集情報などを得られる手段として、求人媒体がある。しかし、ここにもまた大きな落とし穴がある。それらのサイトは、限られたスペースの中で採用につながるようなPRを行わなければならない。一方、求人募集を見ている方々は一般的にできるだけ高額な報酬が欲しいので、まずは時給や日給の検索でふるいにかけることが多い。つまり、どんなに良質な店でも、それを表現するのは難しく、お金をかけて求人媒体に掲載しても面接に一人も来ない、ということになってしまう。

そのために、やむを得ず時給や日給を、実際よりも高く表記することが横行している。具体的には同じ地域の一番高い給与設定の店舗に金額を合わせることになる。するとそのうち、どこかの店がさらに高い時給や日給を掲載し、他店との差別化を図ろうとする。ところが、他の店たちも負けじと高い金額で掲載をする。このように、広告上でオークションのように、徐々に金額がせり上がっていく、というおかしな現象が起きるわけである。

再度念を押すが、実際の条件とは違うのに、である。誠実に真実を記載しようとしている店舗が淘汰されてしまう仕組みなのだ。

広告枠を提供している企業は、質の高い情報を提供するという意味でも、正確な情報の記載に努めてほしい。

†風営法違反

世の中全体が「コンプライアンス（法令遵守）」を重視するなか、水商売業界では違法行為が多く見受けられる。特に多いのが風営法（風俗営業等の規制及び業務の適正化等に関する法律）違反である。なお、風営法の詳細は、弁護士の若林翔氏によるコラム（八〇ページ）で解説している。

キャバクラやクラブ、ホストクラブ、あるいはスナックやガールズバー、ゲイバーといった店は、「風俗営業許可」を取得して営業を行う。こうした店舗は午前〇時から六時までの間に営業を行ってはいけない、とされている。（歌舞伎町や六本木、銀座などの一部地域では条例により深夜一時に完全閉店とされているところもある）

客に女の子がお酌を行う、いわゆる「接待」は、風俗営業許可を取得しなければ行えない。そして、風俗営業許可を取得する場合は、深夜の営業ができなくなる。午前〇時から六時までの深夜に営業を行う場合には「深夜酒類提供飲食店営業」という、別の許可が必要になるが、風俗営業許可の範疇では、いずれにせよ深夜（午前〇時から六時まで）の営業ができない。

ここで問題となるのが、若林氏のコラムでも述べられていた、ガールズバーの業態である。ガールズバーはカウンター越しに女性が接客を行うスタイルをとる。これは法律上、風俗営業許可が必要だ。ところが、深夜の営業をするためにガールズバーを「飲食店」として届け出を出し、深夜酒類提供飲食店営業許可を取る経営者もいるのである。この背景には、「カウンター越しの接客は接待にあたらない」「隣に座らなければ接客にあたらない」という間違った理解がある。

その結果、深夜酒類提供飲食店営業許可を取得してガールズバーを営業していたら、それが「接待」、つまり風俗営業許可が必要な行為だとみなされて摘発されるというケースも出てきている。

また、一部地域では、地域全体で日常的に深夜〇時を過ぎての営業を行っている。これができてしまう背景には、警察による見回り、取り締まりが機能していないという現実がある。協会としては、警察による見回りの徹底をお願いしたいと考えている。
このような地域でも、法を守っている店舗は存在し、そういった店舗が周辺の違反店舗に客を取られるというようなことがあってはならない。ここにおいても、正直者が馬鹿を見る風潮にしないためにも、警察などの行政機関にはきっちり対応していただきたい。

この「正直者が馬鹿を見る」風潮が、水商売業界で風営法違反を引き起こす最大の原因だと考えている。だから守らなくていいとは言わないが、風営法は時代遅れで、水商売の実態に全く合っていないのは事実だ。次節では、風営法の問題点を見ていく。

3 風営法は現実に合わない

†時代錯誤な風営法

水商売の業界において、歴史的に「ルール」や「法律」の整備が非常に遅れてきたことは、残念ながら事実である。

今の風営法の原型は、一九四八（昭和二三）年に公布された「風俗営業取締法」という法律である。「取締法」という名称が示唆するように、当時は売春などが横行し、無法状態で収拾がつかなくなっていたことから作られた法律だ。これは、風俗営業は悪であり、関係者は悪いことをするという前提があるからこそ「取り締まる」法律なのであって、取り締まり対象に権利のようなものが与えられる余地はなかった。

それが、昭和六〇年に大幅な改正があり、そのときに現在も運用されている「風俗営業等の規制及び業務の適正化等に関する法律」、いわゆる「風営法」となった。

関係者である私が書くと我田引水に聞こえるかもしれないが、風営法は理不尽な部分が多い法律である。理不尽だから、守っている店舗が少ない。しかも、守っている店舗が少ないのに、警察は取り締まりをしない。すると、守っている店舗だけが損をする。こうなってくると、守ることに意味を感じなくなってしまう――という悪循環に陥っているのが現状だ。

もちろん「理不尽だから守らなくてよい」と言いたいわけではない。実際、完璧に守っている店舗も多く存在する。だからこそ、業界内外問わず、理にかなったルールを徹底遵守する、遵守している店舗だけが繁盛する、という状況が理想の状態だと考えているのだ。

そのために、改めてこの大きな問題を丁寧に掘り下げる必要がある。

風営法は非常に時代錯誤的、かつ現在の実態に即さない法律になっている。これまでも、業界団体がロビー活動を展開してきた経緯はある。にもかかわらず、大きな進展がない理由は、あまりにも問題の根が深いため、表面化している不具合を修正したところで、現状に即した大きな変化にはならないからである。

政治家にとっては非常に複雑で、重く、難しい課題であるために手を出しにくく、かつ選挙での得票につながりにくい分野でもあるため、改正に向けて積極的に活動する議員は極めて少ないのが現状である。

†入店可能年齢と飲酒可能年齢の違い

私自身も、法制度と現実とのズレを実際に経験している。

風営法上、接待飲食店での勤務、または客としての入店が可能とされているのは、一八歳からだ。一方で、飲酒できるのは二〇歳から。つまり、一八歳で接待飲食店に勤務し始めた場合、二〇歳の誕生日までの二年間は、全く飲酒をせずに接客を行わなければならない、ということになる。接待飲食店に行ったことがある方にはご理解いただけると思うが、全くお酒を飲まずに働くことは、非常に困難だ。

私自身、接待飲食店で一八歳から働いていた。しかし、二〇歳まで全く（本当に文字どおり全く）飲酒をせずに働いた。もちろん、プライベートでも二〇歳まで全く飲酒をしていない。私の場合は真面目だからということもあるが、一種の意地のようなものもある。「やる」と決めたことは最後まで貫くことに異常なこだわりがあるからこそ、このようなことができたと思う。だが、普通の女の子が変わり者の私と同じことができるとは、到底思えない。

客からは当然のように酒を勧められる。「まだ二〇歳になっていないので」と普通に断ると「何言ってんだ！　そんなの守ってるやつがいるか！」と言われる。そして「俺の酒が飲めないっていうのか！」と、大抵の客は怒りだす。今の私なら、そんな真っ向勝負をせずに飲酒をしない方法を知っているが、当時の私はそんな術を知らない。飲酒をしなかったことだけが原因とはいえないものの、成績はすこぶる悪かった。

こうなるくらいなら、接待飲食店で働ける年齢をなぜ二〇歳からにしないのか。客として入店できる年齢を二〇歳からにしないのか。もしくは、なぜ一八歳から飲酒可能にしないのか。この二年のずれはかなり大きい。このことが、若者の法令遵守の意識を低下させてしまうきっかけにならないかと懸念している。

†ほとんどの店が照度と間仕切りで規定違反

水商売と法律のおかしな関係は、他にもある。風営法で定める構造設備要件に、「照明は五ルクス以上にしなくてはならない」という決まりがある。五ルクスは、上映中の映画館のレベルなので、まあまあ暗い。また、明るくしたり暗くしたりできる調光機能のついた照明もNGだ。しかし、おそらく九九％の店舗がこれを守っていない。

厳密にいえば、風俗営業の申請をした一～二週間後に、警察のOBらで構成される風俗環境浄化協会から一、二名、所轄の警察署の生活安全課から一、二名が検査にくる。その後に改修し、調光機能のあるスイッチに変えたり、営業中には照明をオフにして、間接照明などで営業をしたりしている。なぜこんなことが起きるのか。

警察としては、調光器を取り付けることによって、五ルクス以下にされることを懸念していると思われる。一方、店舗側としては、五ルクスなんかでは暗すぎて営業前の店舗の清掃や事務作業ができずに不便なので、調光で明るくする必要があるという言い分だ。もちろん、五ルクス以下にしたい、という店舗もあるだろう。

そもそも、照明器具は経年劣化で、照度は年々落ちていく。だから、検査時にたとえ五ルクスだったとしても、数年後には必ずそれより暗くなっているのだ。そのあたりを考えても、穴のあるルールであるように感じる。

クラブやキャバクラで当たり前のようにある間仕切りも、風営法施行規則の七条には「客室の内部に見通しを妨げる設備（遮蔽物）を設けないこと。」とある。つまり、こちらも検査の時点では、店内の間仕切りはない状態にしておいて、後から工事で増設するか、抜きうちで検査されたときのために取り外し可能な衝立を設置するのである。検査員も薄々その事実を実は知っているが、体裁として検査を行っているのだ。ちなみに、見通しを妨げない状況とは、陰ができない状況であり、高さ一メートル以上の観葉植物も遮蔽物とみなされる。

本当に馬鹿馬鹿しい。こんな茶番をいつまで続けるのかと思う。しかも、「店内が明るくなくてはいけない」「間仕切りなどで店内に陰ができてはいけない」理由は、一説によると、「店内が暗かったり、死角ができたりするといやらしいことが始まってしまうから」だという。私の主観であるが、おそらく男性が言い出したであろうその想像力が、正直気持ちが悪い。現に、今は基準値である五ルクスよりも暗い店内で営業をしているが、

「いやらしいこと」は始まらない。

また、コロナ禍によって店舗が飛沫飛散防止のために設置した透明なアクリル板の衝立なども、間仕切りの一種であるとして、風営法違反に当たるそうだ。

現状に即した法に変えていかなければ、検査される側ばかりでなく、する方も、徒労感に苛まれるのではないかと危惧している。

†個室の広さの基準値が洋室と和室で違う

風営法では、基本的に個室を作ることに厳しい制限がある。

中でも不可解なのが、洋室と和室（畳敷き）とで広さの基準値が違うことだ。

洋室の場合は一六・五㎡以上、和室の場合は九・五㎡以上と、なぜか和室のほうが狭くてもよいというルールになっている。これは一説には、昔は接待飲食店の主流であった芸者用の個室（和室）がNGとなってしまうことを考慮して作られた基準値ではないかといわれている。個室は狭いほうが店舗経営にとっては有利なので、畳敷きの個室を設けたキャバクラは存在する。

しかし、バーのような業態の営業では狭い個室を作ってもOKとなっており、このルールの合理性が疑問である。

さらに、カラオケボックスのような業態はどうなのだろうか。カラオケボックスでは深夜にお酒を飲める上に、主たる売上はお酒であると考えると、深夜酒類提供飲食店営業の届け出が必要なのではないか、という議論がある。もし深夜酒類提供飲食店営業であるならば風営法により規制されるため、九・五㎡の制限がかかることになる。したがって、九・五㎡以下の個室があるカラオケボックスが深夜酒類提供飲食店営業の届け出をせず、深夜に酒を出しているのは風営法違反なのではないか、というのだ。実際に、二〇〇六年一二月二三日深夜、新宿署管轄である歌舞伎町では、カラオケ全店舗の客引き行為に対して「風俗適正化法違反」で摘発が行われた。当時はあまりに強引な客引き行為が目に余る状況であり、それを規制するために警察署が各店舗責任者を数回呼び出し、始末書と誓約書を書かせる程度の、表面上は軽い罰だった。しかし、この一件がもたらした影響は大きい。このとき、新宿警察署とカラオケ業界とは、客引きに関して自主規制を行う代わりに風営法上の規制の対象外としてもらうことを取引したと思われる。

また、カラオケボックスが、深夜酒類提供飲食店営業の届け出を行う必要があるか否かは、所轄の警察署によって対応が違うという現実がある。

カラオケボックス側としても、法の解釈がケースバイケースとなりがちな曖昧なルールに則って、地域ごとに対応を変えている状況だ。これらの事象を客観的にみると、ある意味グレーな業態と捉えられなくもない。

また、接待飲食店（一号営業）の場合は、九・五㎡の制限によって、本来、ＶＩＰルームなど見通しの悪い個室はつくれない。そのため、裏技としてＶＩＰルームなどを別店舗として許可をとり、同じ店舗内にありながら、届け出上はいくつかの店舗が複合したフードコートのような営業形態を、脱法的にとる店は多い。

こうした営業形態が脱法か違法か合法かを判断する材料の一つが、ＰＯＳレジの会計処理のやり方である。別々の許可をとった店が一カ所で会計をしていたとすると、その場合は一店舗とみなせるため、複合した運営は違法性がある、となる。別々の会計で別々のシステムであれば、別店舗とみなせるので、合法とされる。裏を返せば、このような事情があり、手書きの伝票のほうが融通が利くため、ＰＯＳレジの普及が遅れているのではないかという面も考えられる。このように、風営法をめぐる法の解釈がそれぞれ行われているのが実情である。

ちなみに、この個室に対する制限が課されているのも、理由は「狭い個室では、いやらしいことが行われてしまうから」だそうだ。「いやらしいこと」への妄想は果てしない。

†風営法で窓を開けられない

コロナ禍によって、「換気」が急に注目されるようになった。そこで不利になったのが、圧倒的に窓の少ない、または窓がない我々の業界である。

なぜ窓が少ない、または「ない」かというと、「窓を開けてはいけない」と法律で定められているからである。窓がない理由は、「公序良俗」の観点から、外から中の様子が見えると風紀を乱すからだとされている。通常、風紀を乱すような過激な接客は行っていないため、これにも突っ込みを入れたいところではあるが、水商売を対象とした店舗などでは、最初から窓のない設計になっていることが多い。

水商売を営む側としては、法律を守っているだけにもかかわらず、コロナ禍では換気のできない環境がまるで悪いものであるかのような扱いとなっていることに、憤りを感じる。

そもそも、換気に関していえば、建築基準法やビル管理法で基準値が示されている。しかし、それは新築時の基準値であり、経年劣化で換気能力が落ちていく。こうした当たり前の現象を、これらの法律では想定していないのだ。

さらには、これだけ声高に「換気」の重要性を叫んでおきながら、換気と感染リスクの因果関係に関するエビデンスはほとんど存在せず（厚生労働省は調査さえしておらず）、換気の良い環境では感染リスクが減る（だろう）という一般論で言っているだけなのが現実だ。

換気においては圧倒的に不利な接待飲食の店舗は、それでも「お客様の安心安全のために」とできるだけ改善しようと真摯に工夫をしている。一方で、窓を開けることによって、騒音問題という新たな問題も生じている。今回のコロナ禍が収束したとしても、今後、同様の問題が起こる可能性もある。換気に関しては、法的な再整備を早急に行うべきなのではないかと考える。

†法制度と現実のズレ

このように、水商売においては法制度と現実の大きなズレが存在している。

とはいえ、風営法に限らず、法律が時代から遅れてしまうこと自体はある意味で当たり前のことであると思う。文化や技術は日々進歩していて、それを法律が完全に網羅することは理論上不可能だからだ。問題なのは、遅れている度合いと、現場にそぐう合理的な理由があるかどうかだ。風営法に関しては、そのどちらも問題がある状況になっていると考えている。風営法の所轄である公安もその問題点に気がついているからこそ、きっちりとした取り締まりを行わない（他の案件との優先順位の問題で行えない）状況にあるのではないかと推測する。

この事態は、我々業界だけでなく、治安などの観点から社会全体にとっての不利益につながってしまっているのではないか。

そんななか、法律の隙間をかいくぐり、自分たちの利益や得のために違法スレスレ（あるいは完全に違法）な営業を行う店舗も少なくはない。今のままでは、水商売はダーティなイメージのまま、日本経済を立て直す起爆剤にはなり得ない。だからこそ、私は日本水商売協会を設立し、業界の健全化を目指したいと考えたのである。

コラム

ホステス・キャストの法的地位

汐留社会保険労務士法人代表　今井 慎

本章2節では水商売業界側の問題を見たが、ホステスやキャストの働き方をめぐるトラブルも近年増加している。

汐留社会保険労務士法人代表で、日本水商売協会理事でもある今井慎氏が、業界の勤務形態について解説する。

✝ホステス・キャストは労働者？ 個人事業主？

水商売業界で働くホステスやキャストの法的地位については、労働者とする説と、個人事業主とする説がある。そもそも、「労働者」と「個人事業主」は何が違うのか。簡単にまとめると、以下のようになる。

●労働者／会社やお店に雇われて、労働の対価として賃金を支払われる人のこと。経営者からの指揮命令を受けて労働をする人。会社員やアルバイトなどと同じ。
●個人事業主／独立した事業主。自由に事業をしてもいいし、別の会社やお店から業務を受託して、請け負った仕事を納品（完了）して報酬をもらってもいい。

これまで、ホステス・キャストは個人事業主であるという理解が、この業界では通常であった。ホステス・キャストは、店と「客の飲み代の売上金額×四〇～五〇％」などを報酬とする業務委託契約や請負契約を締結していると考えられた。つまり、売上を上げれば上げるだけ、その対価も大きくなる。

たしかに、同伴やアフターなど対価につながる努力をするときに、仕事の性質上、それがプライベートなのか、仕事なのかの明確な線引きはできない。ホステス・キャスト自身は、店舗外での営業活動は、個人事業主としての業務の一環として認識している場合が多い。そのぶん、営業活動による成果によって受け取る対価は大きくなる。

しかし、昨今では雇用契約に基づき、時給で働くキャストも増えてきた。「時給〇〇〇〇円、ドリンクバック〇〇％、交通費支給、残業代あり」などの条件で雇用契約を締結して、店からの指揮命令を受けて労働をし、その労働の対価として給与を受け取る、という就労形態である。この場合は、ホステス・キャストは店舗内だけの営業活動を行い、店内だけで仕事を完結するという形になる。店舗内だけで営業活動を完結したい人にとっては適切な契約といえる。この働き方で得られる対価は、一般的には業務委託契約の場合より少なくなる。

†雇用形態をめぐる問題

水商売業界では、どちらの勤務形態をとっているかはっきりしないことも多いため、店とホステス・キャストとの間で問題が起こることはしばしばある。一体、何が問題になるのか。

最大の問題は、店とホステス・キャスト間で明確な契約書を締結していないことで起こる。契約書を交わしていない場合、給与や報酬の支払い方が所属のお店の都合で決められてしまうことがある。実際に支払われた給与が、当初聞いていた内容・金額と異なり、揉めるケースがある。

もし、ホステス・キャストとして水商売で働く場合、契約書を交わそうとしない店では働かないことをお勧めする。そして、契約書を用意していない店は、所属していたホステス・キャストから訴えられた場合、非常に弱い立場となることを認識しておくべきだ。

中でも最近増えているのは、個人事業主として歩合で仕事をしていたが、実態は雇用契約関係であったため、労働基準法を適用した場合に支払われるべき賃金を求めて裁判をしたり、労基署に申告をしたりするケースだ。

請求内容でよくある内容は下記のとおり。

・残業代（一日八時間を超えた労働について一・二五倍以上の賃金請求）
・深夜残業代（夜二二時から翌朝五時までの労働について〇・二五倍以上の賃金請求）
・待機時間の賃金（待ち時間として拘束されている場合、労働とみなされるので、賃金を請求するケース）
・同伴、アフターについての時間分の賃金請求

実際には、他にも労基法上の請求権を行使することは可能である。店側とホステス・キャストとの間に契約関係がある場合や、労働者性の実態があれば請求などは可能となる。ホステス・キャストにその知識がある場合、または代理人を雇った場合には、その権利を

最大限行使して、自己の権利救済をしてくることになる。こういう訴訟は、在籍中ではなくたいてい店を辞めた後に起こる。

こうしたトラブルを防ぐにはどうしたらいいのか。お薦めしたいのは店に二パターンの契約書を用意し、どちらかを本人に選ばせることだ。

●個人事業契約（業務委託契約）／売上分配制度をとり、報酬は多く稼げる可能性がある。

●雇用契約／時給制度をとる。給与は労基法をクリアして支給をするので歩合の部分は少なく、多く稼げる可能性は少ない。

ホステス・キャスト側に選択権を与えて、自分自身が選んだ契約に基づいて働くことを認識してもらう。そうすれば、自分が選んだ契約を反故にして、「私は雇用契約の労働者だ」という訴えは減るだろう。ホステス・キャストの側も、店と良い契約関係で仕事ができるようになる。

†労働者性の実態はどこで判断されるか

前述のとおり、労基法や労働関係法令に基づき、労働者には主に残業代請求、深夜残業代請求、待機時間の賃金請求（未払賃金請求）などの権利がある。また、解雇予告手当の請求権なども発生する場合がある。

ホステス・キャストが労働者であるのか、その実態は、裁判で争った場合に個々の訴訟（労働裁判）について裁判官が判断を行う。判決まで至れば判決文の中で明確になるが、訴訟中に裁判官は和解を勧めてくるのが一般的だ。あくまで、個々の訴訟に対しての判断を裁判官がしているのであり、判例法理はあるものの、個々の訴訟の事案が世の中の基準や常識だとは思わないようにしていただきたい。

その他に、労働者もしくは個人事業主が労働基準監督署に申告をして、その本人の労働者性があるという主張のもと、労基法上の権利救済を求めて対応をするケースがある。

その場合、労働基準監督署の監督官が、申告者本人が勤めている会社や店舗の経営者に出頭命令もしくは訪問をし、経営者にヒアリング、資料の提出を求めるなどして、労働者性があれば、労基法や労働関係法令に基づき未払賃金や未払残業代を支払わせるなどの是正勧告、指導、書類送検などの対応をする。

契約書、指揮命令関係、報酬支払方法、歩合の有無などをもとに総合的に判断して、監督官が「労働者性がある」と判断をすれば相当に厳しく対応するが、労働者か個人事業主か明確に判断ができない場合には、それ以上の是正勧告や指導はできないことがある。

†不透明な給与明細

最後に、店舗とホステス・キャストのトラブルにつながりやすい、給与明細の問題にふれる。

店舗から支払われる給与明細にも、疑わしい項目がいくつかある。細かい話をすれば、雇用関係ではない場合は、そもそも給与ではないのだが……。

それはさておき、まずは明細にある「源泉徴収」という項目が不透明である。脱税をしている事業者は「源泉徴収」という名目でそれらしい金額を引いておきながら、実際にはそのまま懐に入れてしまうというケースが多い。これらは本来、確定申告の際に必要になる支払調書が発行されないことで気が付きそうなものだが、ホステス・キャスト自身も納税に対する意識が希薄であることから、発覚しにくい状況となってしまっている。

次に「福利厚生費」という項目。皆で共有の備品購入などに充てられているはずのものが、ただ単に報酬を一定額分少なくする目的で引いている悪質な事業者も中にはいるようだ。

水商売に限らず、これからはどの業種でも契約関係を明確にしていく必要がある。業務委託契約や雇用契約を明確に書面などで残していなければ、経営者とホステス・キャストが揉め、大変な労力や時間、お金もかかってしまう。その期間は精神的にも辛いものだ。無駄な争いの期間がなければ、そのぶん営業活動がより多くできて、顧客を新たに開拓できたはずであり、機会損失にもつながっているだろう。

そして、どんな場合も契約書を締結したら、実態と合っているかどうかをお互いに確認してほしい。契約関係の問題がない状態で、ホステス・キャストが楽しそうに働ける環境を、どのお店でも提供できることを切に願っている。

〈プロフィール〉
今井慎（いまい・まこと）
一九八一年生まれ、山形県米沢市生まれの東京都練馬区育ち。青山学院大学第二部経済学部卒業。

汐留社会保険労務士法人代表。専門は労働問題対応業務。その他にキャリアコンサルタント、貸会議室事業・人材紹介業・人材派遣事業を手掛ける。一般社団法人日本水商売協会理事。
汐留社会保険労務士法人
https://www.shiodome-sr.jp/

第四章

水商売をあえて選んだ、それぞれの理由

現時点で、水商売はネガティブなイメージで見られている職業であることは否めないだろう。「夜の街」で働く人たちは生まれ育った環境に問題があり、貧困・社会不適合者であろうという世間の固定観念がある。しかし、たとえそのような境遇からのスタートだったとしても、その後の人生模様はさまざまで、多くの方は業界で働くことによって明るく健全な人生を生きている。

そして、中には高学歴、あるいは大企業勤務など、一般に「恵まれている」といわれるところから水商売に転職する人もいる。この章では、さまざまな業界から水商売業界に「あえて」飛び込んだ人たちを紹介したい。彼らは、それぞれの仕事を通して水商売業界に新しい風を吹き込んでいる人たちでもある。

彼らが語る、「あえてこの業界を選んだ理由」を通して、水商売業界の新たな面を見ることができるはずだ。

1 【すすきの】ニュークラブオーナー・波戸崎崇

†売上三二億円グループの経営者

私が知っている中で、札幌・すすきののニュークラブグループ「バルセロナ」のＣＥＯ、波《は》戸崎崇《とざきたかし》さんほど、水商売について冷静に分析をし、ビジネスとして成功法則を身につけている方はいない。

一八歳でキャバクラの黒服として仕事を始めて以来、水商売の世界で仕事を続け、二八歳のときに独立。東大・京大卒の黒服を積極採用するなど、業界の常識を覆す経営手法を展開してきた。二〇一〇年に「バルセロナ」グループを設立し、現在はすすきの最大数の、ホステス四五〇名以上が在籍する五つの大型店舗を展開している。二〇二一年の売上高は三二億円である。

バルセロナCEO、波戸崎崇さん。

業界の健全化にも高い意識を持ち、問題解決に向けての提言や活動も積極的に行っている人物だ。

私が波戸崎さんと出会ったのは、キャスト用の接客、営業マニュアルを作りたいというオファーをいただいたのがきっかけだった。水商売の世界では珍しいタイプのさわやかさと賢さを兼ね揃えている方だな、という第一印象を覚えている。

†教師にはなりたくない

波戸崎さんは愛知県の春日井市出身。ご両親ともに小学校の先生、叔母様が大学の教授、母方の祖父は岐阜の地主と、非常に堅い、真面目な一家の中で育ったという。高校は地元で一番の進学校に通っていたそうだが、地元の大学に進学して中退した。

水商売と出会ったのは大学一年生、一八歳のとき。「キャバクラ」という言葉すら知らず、バーだと思って働き始めたのが、実は愛知県で四店舗を展開するキャバクラチェーンだった。元々水商売のことも知らないし、知らないからこそ偏見もなかった。ただ、第一印象で「効率的なビジネスモデルだな」と思ったのだそうだ。

そのときの店長は計算が苦手で、売上の計算を代わりにやってあげたら褒められた。「正直な話、店長よりも仕事ができたので、自ずと役割が増えていった」のだそうだ。それだけいい働きをしているバイトを、店が放っておくわけがない。「社員にならないか」と誘われた。

子どもの頃から起業に憧れていた。このままいくと、学校の先生になるというルートしかない。それは嫌だと思ったという。

愛知県におけるエリートの将来は、トヨタ自動車に入るか、公務員になるか。波戸崎さんは、それこそが人が幸せになる道だ、と教えられるような独特の文化の中で育った。自分自身はそれにあえて乗らない、ブルーオーシャン戦略を取ることを志した。

起業する。しかも、キャバクラを開業する。両親や親戚に、真面目で堅い職業に就いている人が多い波戸崎さんにとっては、清水の舞台から飛び降りるような一大決心だっただろう。当然、周囲からは反対された。大学を中退するときには、母親がストレスから倒れて入院。親族一同が説得に来たという。それでも、波戸崎さんは自分の信念を曲げなかった。

†大学中退、そしてキャバクラへ「就職」

大学を中退して、当時働いていたキャバクラグループで社員になった。そして、二二歳のとき、札幌の支社長となり、すすきのへ行くことになった。先に進出していた開拓部隊が失敗し、立て直しをする人材として波戸崎さんに白羽の矢が立ったのだ。もし立て直しに成功したら、起業をバックアップしてくれる。この約束を店から取り付け、波戸崎さんは札幌に向かった。

しかし、立て直しは苦労の連続だった。社員がどんどん辞めていく。よくあるマネジメント手法を真似して、社員をめちゃくちゃ褒めてみたが、それも上手くいかない。次は、徹底的に管理し、仕事をさせることもやってみた。しかし、今度は自尊心を奪いすぎ、「支社長にはついていけない」と言われ、全員が辞めていった。

こうした苦労も経験し、少しずつ店舗の売上が高い水準で安定し始めた二八歳のとき、札幌の店舗を買い取る形で独立することにした。

✝営業時間短縮で売上アップ

波戸崎さんの面白い、特徴的な点は、業界の常識や慣習に囚われていないところだ。たとえば、波戸崎さんは数年前から営業時間を深夜〇時までに短縮した。キャストからは「時間が短くなったぶん、稼げなくなる」という不満の声や、「お客様を他店に取られるのでは」という懸念の声が上がった。

営業時間を〇時までに短縮した背景には、「誇りを持って働ける企業を創りたい」という想いがあるという。

通常、接待飲食店の営業は午前〇時までしか許されていない。それを超えての営業は、いくらお客様が望んでいたとしても、本来は風営法で禁止されている。しかし、その要望に応えて営業すれば、確実に売上は上がる。だから、地域の店舗はほとんどが深夜まで営業していた。

しかし、いくら「顧客が求めているサービスを提供している」というお題目を掲げたとしても、違法行為であることに変わりはない。だから、波戸崎氏は〇時閉店を決めた。ある意味、コンプライアンスを優先させたのだ。

多くのキャストが、「稼げなくなるから、店をやめる」と言った。しかし、本当に辞めたのは一〇%ほどに過ぎなかった。波戸崎氏は「しばらく様子を見てほしい。確かに短期的には給料は減るかもしれないが、必ず良い方向に向かうはずだ」とキャストに伝え続けた。

確かに、営業時間を短縮して半年ほどは、売上が下がった。深夜まで営業を続ける他店に、顧客が流れた時期もあった。しかし、徐々に客足が戻り始め、さらには右肩上がりで今も成長を続けているという。営業時間が短縮されたぶんを補うためにマーケティングに力を入れたこと、また法令を遵守する企業ということで、モラルが高く有能な社員が入社する機会が増えたことが原因だ。また、属人的な仕事をDX化など仕組化できるようになり、仕事の質や効率が格段に上がったことでサービスの質も上がり、一度は離れた顧客も、早い時間から来店してくれるようになったという。

†有名大学卒の学生を新卒採用

業界の慣習に囚われないという意味では、高学歴者を積極的に新卒採用で受け入れていることも挙げられる。東大、京大、北海道大学を始めとする、いわゆる「旧帝国大学」と呼ばれる有名国立大学の学生を、新卒採用で入社させているのだ。彼らは、名だたる有名企業の内定を蹴って波戸崎氏が経営する「バルセロナ」グループに入社を決め、波戸崎氏はその度に、進路を反対する彼らのご両親の元へ説得のために訪問した。

そもそも、業界的に新卒採用を行っているほうが珍しい。しかも、有名大学からの採用を積極的に行っている水商売のグループなど、恐らく他にはないのではないか。

なぜ、新卒採用を始めたのか。それは、「このままだと、事業の成長が頭打ちになる」と感じたから、と波戸崎氏は言う。

事業は、人が創り、育てるもの。だからこそ、優秀な人材の採用に力を入れるべきだと考えたのである。

有名大学の入試を突破でき、かつ、四年間大学へ通って学び続けることができる新卒の学生は、継続力や基礎学力がある人が多いだろう。とはいえ、普通に考えれば大学を卒業して、ニュークラブのグループを就職先に選ぶというのは、学生にとってはかなりの冒険ではある。

波戸崎さんは、そんな「冒険」をしてくれる学生と出会うため、北海道大学に潜入し、バーを貸し切り、三〇人で飲み会を行ったり、二〇〇人にジンギスカンをおごったりしたこともあるという。また、東大生にキャバクラでの起業時の話をして大ウケしたこともあるそうだ。

結果、有名大学から四年間で一五名の新卒採用をすることができた。東大・京大の卒業生も五名含まれている。また、女性も四名いるという。

そして、全体の七割が親からは大反対をされたという。しかし、波戸崎さんは、親から反対されていることも、むしろプラスに捉えている。自分に自信がないと、水商売業界に足を踏み入れることはできないし、成功することも難しい。ならば、「親からの反対を押し切っても、この業界でやっていく」という気概のある人間のほうが向いているだろう、と考えているのだ。

ちなみに、今では社員の両親のほとんどが「良い会社に入った」と喜んでくれているそうだ。

波戸崎さんが経営する「バルセロナ」グループは、現在はすすきので五店舗を運営している。しかし、札幌だけに留まるつもりはない。東北や九州、そして東京にも進出を予定している。さらに三年後にはシンガポール、さらに三年後には四カ国への進出を目指しているそうだ。

†「いい学校、いい仕事、いい人生」への違和感

私が初めて彼の会社へ訪問したとき、妙な違和感を覚えた。会議室の壁一面がグリーンの葉っぱで覆われた、最先端のＩＴ企業のような、ナチュラルでさわやかな空間だったのだ。水商売業界の会社に、このような会議室は珍しい。さらにはその空間にマッチした、

終始さわやかな笑顔の社長。それが波戸崎さんだった。

彼は言う。「頑張って、いい学校に入って、いい仕事につけば、いい人生が待っている……。そう教えられて育った。そして、いい大学に進学した。でも、ずっと違和感を感じていた」と。

壁一面が緑化された、バルセロナの会議室。

その言葉に私は衝撃を受けた。親から言われてきた言葉も、その教えに対する違和感も私と同じだったからだ。

そして彼は、「いい人生」を生きているはずの大人たちが、楽しそうに見えなかった、とも言う。求めたのは、特別な人生。自分が「いい」と思える生き方。

その答えが、彼にとっては「起業」だった。水商売、キャバクラの世界に飛び込み、いわゆる「いい人生」を送っている人たちが、お客様になった。波戸崎さんや、キャストたちが提供するサービスによって、お客様たちの中に「明日も頑張ろう」と思う気持ちと力が生まれる。

†キャバクラは「承認ビジネス」

波戸崎さんは「水商売業界が、この先なくなることはない」と断言する。人との絆が希薄になり、つながりを感じられない人が多い現代社会。日本人の多くは自分に自信が持てず、人に褒められたいと願っている。そして、美しい女性と楽しく会話したいと思っている。これは、人間が存在する以上、この世から消え去ることがない欲望だと、波戸崎さんは言う。

キャバクラは、時代と社会から求められている「承認ビジネス」である。

波戸崎さんは、そう定義する。そして、大きな可能性を秘めたこの業界のトップシェアを獲得し、未整備な部分が多い業界のルールを作り上げ、キャバクラを、日本を代表する文化に押し上げる。これが、波戸崎さんが描く未来のビジョンである。

その結果、彼が創り出そうとしているものは、新たなチャレンジに向かっていく明日であり、人々が人生を楽しんでいる毎日であり、多くの人が自信と誇りにあふれた世の中なのだ。

だからこそ、自社が業界トップになることはもちろん、法令遵守に意識を向け、業界のルールを明確化し、水商売業界全体を変革しようとトライしているのだ。私は、波戸崎さんは、水商売業界を新しいステージへ引き上げるリーダーとなっていくのだろう、と思っている。

2【歌舞伎町】ホスト・皐月

†慶應大学中退からホストの道へ

人は、なんのために生きるのか。

常識や世間体という窮屈な枠の中から一歩踏み出してみたとき、そこに自分の居場所が見つかった。目の前に見えていた道とは違う今を生きることを決めた皐月。彼と話していると、その自由な生き方が羨ましくさえある。普通は執着しそうなものをあっさり捨てて次を見ている。普通は尻込みしそうなところを満面の笑みで進んでいく。新しいことへの挑戦を好み、自分なりの方法でそれを成し遂げる。それが、新宿・歌舞伎町のホストクラ

SINCE YOU…主任を務めたホスト、皐月さん。

ブ「SINCE YOU…」で二〇二一年一二月まで主任を務めた皐月《さつき》である。

ある平日の一三時。一面の窓ガラスから光が差し込む店内に、皐月はいた。

私の姿を見つけると、立ち上がって深々と一礼をする。彼に染み付いた育ちの良さは、食事をするときの両手を合わせた「いただきます」からも読み取れた。

皐月。二八歳。ホスト歴は一〇年になる。

彼は慶應大学理工学部を中退している。慶應に入ったのは中等部からだという。幼い頃から医者を目指していた彼は、慶應大学医学部への進学の可能性を絶たれ、生きていく道を模索していた。そんな大学一年生の秋、昼下がりの道を友達と歩いていると、見るからにホストっぽい男性に声をかけられた。

それが、皐月がホストになったきっかけである。

†構成作家と医師という夢

皐月は東京都千代田区出身。兄弟はいない。

目標である慶應中等部に合格するために、小学生時代はとにかく一心不乱に勉強をした。そんな小学校時代は、大人向けの小説や、父から勧められた論語を読むような子どもだった。ちなみにその頃から、女の子にはモテたという。

そして、目標であった慶應中等部に無事合格できたものの、中学一年生の頃から次第に学校に馴染めなくなり、中二の頃に登校拒否になった。東大を目指していた皐月は入学と同時に猛烈に勉強を始めたため、成績では常にトップだった。つまずいた原因はスクールカーストである。一クラス四〇人のうち、一四人が女子。そして、スクールカーストのトップは女子たちだったという。人数は少ないが、力が強い女子に媚びを売るのが嫌で、友だちができず、学校に行きたくなくなったのだ。

学校に行けなくなると、全く勉強をやめてしまった。中学二年、三年の間は、毎日部屋にこもって一日中ラジオを聞いていた。狭い部屋の中では、ラジオの世界が皐月の唯一の世界だった。今度はラジオでトップを取ろうと構成作家という夢を持ち、一生懸命聞いていた。自分の投稿が取り上げられることが構成作家への道であると当時の皐月は信じていた。皐月の没頭しやすい性格は、この頃から随所に見てとれる。そんな彼に対し、両親は特に何も言わなかったという。

不登校には慣れてくる。テストのときだけ学校に行き、勉強していないために当然成績は悪いが、数学だけは学校に行かなくてもできた。

慶應義塾高等学校へ内部進学を果たすと、今度は男子校となったために、再び学校に通いだした。

「やっぱり勉強がしたい」

不登校の間、通っていた精神科の医師のように、人を助ける医師になりたい。その強い思いにより、再び勉強の熱に火が着く。自ら中学の学習内容のおさらいから勉強をしなおした。すると、高二、高三の成績はトップクラスとなった。

医師になることをモチベーションとして勉強に励んでいた彼だが、内部推薦での慶応大学医学部への不合格通知で、目の前が真っ暗となった。やむを得ず理工学部へ進学し、次なる夢として研究者を目指したものの、一年生の物理でさっそく単位を落としてしまう。

「人生終わったな」と思ったという。

思うとおりにいかない、思い描いたような進路に進めない苛立ち。大学生活がつまらなくなっていく。そんなとき、「ホストをやってみないか?」と、スカウトされた。

†月収六万円の寮生活から

こうして皐月は、大学一年生の秋頃から、ホストへの道を歩み始めた。当然、皐月にとって未知の世界である。テレビで見たことはあるけれど、業界のことはよくわからなかった。

はじめは、単なる好奇心で歌舞伎町に足を運んだ。女性を口車に乗せて貢がせるのがホスト。そんなイメージが、皐月にもないわけではなかった。だが、実際のところは見てみなければ、わからない。

アルバイト初日。キラキラした店内。ノリノリの曲と、女の子たちの笑い声。そして、そこにいるホストたちはカッコ良く、輝いていた。一九歳の皐月にとっては二〇代半ばくらいのホストたちは大人に見えた。こんなに楽しい世界があるのか。皐月はその日からこの世界のとりこになった。

皐月のホストとしての人生は、最初から順風満帆なものではなかった。新人の頃は月収六万円の寮生活。食事はもっぱら、誰かにごちそうになる。服も先輩にもらう。そうしないと、生活すら成り立たなかった。ホストになって一年ほどは、そうした生活が続いたという。それでも、皐月はホストという仕事が楽しくてしかたがなかった。夢中になれるものが見つかったことで、大学への熱が冷めてしまった。そして、大学は一年で中退をすることになる。休学として籍を残しておくこともできたが、逃げ道を残しておくことに嫌悪感を抱き、退学を決意した。

†今を精一杯生きる

皐月にとって大きな転機がある。

二四歳の頃、親友が亡くなった。高校時代から同じく医師を志し、彼は研修医として走り出した頃だった。死因が明確にされることはなかったが、恐らくは自殺であろうと皐月は思っている。

亡くなった親友はこれまで、あらゆることを犠牲にして勉強を頑張っていた。未来のために今を我慢して頑張って、夢であった医師にもなれたのに、いざその未来が訪れたときになって、なぜ死を選択することになったのか。その答えはわからないが、このとき以降、皐月はそれまで以上に「今」を意識することになった。

未来のために惜しみない努力をすることを得意とする皐月にとって、「今」を優先する、ということが大きな転換となる。堀江貴文氏の言葉「過去にとらわれず、未来を恐れず、全力で今を生きる」という言葉に支えられていた、という。

目の前にいる人と、今という時間を、大切にしなければならない。ホストである自分の役割は、自分と自分の周りの人を精一杯楽しませること。それが自分にできる最大の貢献だと思った。

今を精一杯生きる、ということとは目先の快楽に身を任せるということとは意味が違う。だから、皐月は業務の改善、より良いサービス提供のために、常に新しいことにチャレンジしたいという欲求がある。前進し続けることが彼自身の自尊心を満たし、自分の存在価値を高めると考えているのだろう。

†クラウドファンディングタワー

その一つの例が、「クラウドファンディングタワー」という試みだ。接待飲食業ではお

誕生日に実現させた、一口10万円のクラウドファンディングタワー。

そらく初めてだろう。皐月は、自身の誕生日に二〇〇万円のシャンパンタワーを入れた。通常、シャンパンタワーは一人の客が入れるものだが、それを一口一〇万円にして、何人かで分けて入れる。一人ではシャンパンタワーの費用を出せないお客様にも、クラウドファンディング形式にすることで、その喜びや楽しさを味わってもらいたい。そんなふうに考えた。

しかし、「前例がないし、ありえないから、無理」。アイデアを相談したときに、同僚たちには、そう言われていた。通常ホストクラブでは、客同士がライバルとして認識し合うため、協力し合ったり、一緒に楽しむようなことはありえないからだ。

しかし、こんな常識を超越し、SNSを通じて購入者は大勢集まった。日頃から、目の前の女性の人間性を深く理解し、受け入れようとする接客姿勢を貫いていたからこそ、彼がこの「クラウドファンディングタワー」でお客様を喜ばせようとしているということを理解してもらえたのだろう。当日は複数のお客様がタワーの周りに集まった。ライブ配信で閲覧する方もいた。お客様同士が乾杯している様子に、皐月は心が震えたという。

†新たな挑戦へ

私から見た皐月は、優しくて平和主義。協調性があり、学習意欲が高い。人の役に立ちたいという想いが強く、繊細で、ポジティブ——あるいは物事をポジティブに考えようと努めているように見える。

そして、皐月は二〇二一年一二月、一〇年働いたホストの仕事を辞めることにしたようだ。一〇年目の誕生日イベントが終わった後、自分の世界を広げるために二〇日間のアメリカ横断の一人旅をし、そこで決意したという。最低限の資金で済ませるために、移動手段はもっぱら地元の人が使うバス。特に治安の悪い地域のバス移動は危険なため、はじめはドキドキした。それでも毎日のようにそのような場所にいると、段々慣れてきて、ストレスなく過ごせるようになったという。それが自分の人生と重なった。

登校拒否もそう、ホストとしての生活もそう、慣れてくるのだ。慣れは、良い面と悪い面とを併せ持つ。気心の知れた居心地の良い仲間の中では、これ以上の自分を見いだせないと考えた。それは、一〇年、がむしゃらに働いたからこその決断だろうと思う。一〇年を区切りとして、新しい世界に飛び込むべきだと考えたのだ。

次なる挑戦は起業だ。日本に帰国する頃には、没頭しやすい性格の彼の頭の中は、起業に向けてのワクワクでいっぱいになっていた。彼の未知なる世界への好奇心や探求心は、勉強を頑張っていた学生時代のそれと何も変わらない。ただ、彼の価値観の中で、常識や世間体という判断基準が重要視されていないだけであって、いつまでも、純粋で一生懸命なままだ。

ホストの仲間との毎日を通して、マズローの欲求五段階説でいう、承認欲求は満たされた。次は、自己実現欲求だ。居心地の良い環境だからこそ、「やめなければ始まらない」と彼は言う。

そんな皐月の唯一のコンプレックスは、「やりきる力」であるという。大学も、ホストも、やりきれていないということを後ろめたく感じている。だからこそ、辞めるという決断は軽く考えているわけではない。

「やりきらないと。やりきらないと」
皐月は自分に言い聞かせるようにつぶやいていた

3 【銀座】オーナーママ・河西泉緒

†絵に描いたような富豪一族

銀座「CLUB AMOUR」のオーナーママ、河西泉緒《かわにしみお》。彼女の人生ほど、「波乱万丈」という言葉が似あう人生はない。彼女はどんな状況からでも、這い上がってきた。誰にも甘えず、長いものに巻かれることもなく、自らの理想のお店を、人生を着実に実現させている。

幼少期は、東京都調布市内で一番の大豪邸で過ごした。絵に描いたような富豪一族で、だだっ広い敷地の中には親戚らの家が三軒並び、運転手付きの高級車が数台あったという。

裕福だった理由は、祖父が大企業の経営者だったからだ。社員二〇〇〇人を抱える会社を一代で築き上げた。洋服もおやつも手作りしてくれる優しい母と、かっこいい父。三人姉妹の中で満ち足りた生活を送っていた――と、周囲からは思われていただろう。

しかし、幼い泉緒の心は、常に何かと闘っていた。いとこ一〇人が同じ敷地で暮らしていたが、祖父からは孫の中で自分だけが好かれていない気がしていた。頑張らないと人には認めてもらえない。人から愛されるために、習い事も、お手伝いも誰よりも頑張っていた。

銀座CLUB AMOURのオーナーママ、河西泉緒さん。

そして、小二にして摂食障害になる。学校で、太ももの太さをからかわれたショックがきっかけだった。二三歳で摂食障害を克服するまで、ずっと頭の中から食べ物への興味、罪悪感、呪縛が消えることはなかった。

†倒産、そして父の失踪

裕福で幸せな生活も、少しずつ歯車が狂い始めていた。二代目として父が会社を継いだ頃、日本はバブル期の絶頂にいた。そして、勢いのある会社ほど、崖からの転落も早い。

泉緒が一一歳の頃にバブルが崩壊。そして、会社が倒産する。土地も家も、すべて手放すこととなった。あまりの急な転落に、泉緒の父は相当なストレスを抱えていたに違いない。

引っ越しを目前にしたある日、大好きだった父が姿を消した。「パパはいつ帰ってくるの?」と何度も母に尋ねた。母は、何も答えなかった。父は通っていた銀座のクラブで知り合ったホステスと駆け落ちをしたらしい、ということを後から知った。泉緒は、銀座のホステスに父を奪われたと感じ、ホステスという存在を憎むようになった。

そして、父が不在のまま一家での引っ越し。母は娘たちにみじめな思いをさせたくないと言い、無理をして3LDKのアパートを借りてくれていた。泉緒は自分が生まれ育った、つい昨日まで住んでいた家が大きな音を立てながらブルドーザーで潰されていくのを、泣きながら見守ることしかできなかった。不安と、悲しさと、寂しさで押しつぶされそうだった。

パティシエという職業の現実

思春期の子どもたち三人を抱えた母は、給料の良い土木作業員として夜通し働きながら、必死に子どもたちを守ってくれた。そんな母には感謝しかない。少しでも母を助けることができればと思い、中学生になった泉緒も、西調布の洋菓子店「ぱてぃすりーど・あん」でアルバイトをして家計を支えた。

しかし、泉緒は一家での狭いアパート暮らしがどうしてもいやだった。成績の良かった泉緒は都立高校へ入学と同時に、一人暮らしを始めた。家賃五万円、築四〇年、三宿の風呂なしアパート。

「ボンマルシェ」（現在は閉店）という洋菓子店で働き、自分の生活費は自分で賄う生活をスタートする。ペットボトルに水道水や、自分で作ったお茶を入れ、お弁当は自分で握った具なしのおにぎりを持ち歩く。帰りに近所のパン屋さんでパンの耳をただでもらい、それを夕食代わりにしていた。

高校の同級生たちが大学受験の話をしているなか、泉緒は大学へ行くつもりがなかった。洋菓子店でアルバイトをしていた中学の頃から、パティシエになると決めていたからだ。

専門学校を経て、本格的にパティシエとしての仕事をスタートさせる。しかし、アルバイトとしては経験があるものの、職人としての仕事は想像以上に過酷だった。勤務時間が朝九時から夜九時まで。そして手取り収入は一六万円程度。独り暮らしをする泉緒には、少なすぎる収入だった。食費を賄うこともできず、売れ残りのケーキで空腹を満たすのが日常茶飯事だった。経済的に困窮し、睡眠時間も少ない。劣悪すぎる環境下で、パティシエへの情熱はどんどん冷めていった。

†寺院で精進料理の修業

そして泉緒は、精進料理の料理人を志す。きっかけは、亡き祖父の墓参りに行ったときのこと。泉緒は年に四回、祖父の墓前に近況を報告に行くようにしている。そこで、今思っていること、感じていることをすべて祖父に伝えているという。

二四歳のとき、家族の状況や、今の自分の状況を伝えた。自分は、もっと大きな仕事がしたい。世界に通用する、たくさんの人を喜ばせる、社会の役に立つ仕事がしたい……。そう祈ったとき、なぜかふと「精進料理をやりなさい」と言われた気がした、という。

思ったことは実行に移すのが、泉緒の強さでもある。調べると、精進料理は京都府宇治市にある黄檗山萬福寺で栄えたことがわかった。そうなれば、当然そこで修業をする、と思うのが泉緒である。

萬福寺は仏教の寺院。当時、女性が修業をすることはなかった。住職からも「あきらめて、お引き取りください」と言われた。しかし、泉緒は頑として引かなかった。一週間、毎日のように寺を訪れ、修業させてほしいと座り込んだ。まさに、念ずれば通ず。萬福寺では史上初、女性として精進料理の修業を積むことになった。

実は、萬福寺で修業をする前、泉緒は一週間のホームレス生活を経験している。今でこそ怖いものが少ない泉緒だが、当時は死ぬこと、老いて何もできなくなること、お金がなくなって人に迷惑をかけることに恐怖を感じていたという。そして、それを克服したいと思っていた。

とはいえ、老いることはできないし、死ぬこともできない。そう考えると、「お金がない状態」になることは、今の自分でもできるような気がした。当時賃貸で借りていた家を解約し、敷金・礼金も含め、有り金をすべて妹に渡した。

「どうするの?」と聞かれたので「ちょっと旅に出てくる」と答えた。

そして、ホームレス生活を始める。鎌倉駅近くの公園で寝泊まりし、賞味期限切れで廃棄されたコンビニの弁当をゴミ袋から拾って食べた。何にも頼らず、何も欲せず。夜の寒さに凍えながら、「ただ生きる」ことを経験した。それから、萬福寺での修業に入ったのだという。

萬福寺は全国から修行僧が集まる大本山。当時二四歳の泉緒が寝泊まりするのは修行の妨げになる。ついては、近所にアパートを借りなくてはならない。だが、泉緒にはお金も、人脈もない。

困った……と思っていたところに、救いの手が差し伸べられた。近くのアパートの大家が「家賃は格安、後払いでいい」という条件で部屋を貸してくれた。さらに、萬福寺の関係者が洋服や家財道具も提供してくれた。

「人のご縁で、生きていくことができる」

泉緒の人生観が大きく変わった出来事だったという。

✝自分を輝かせる仕事がしたい

萬福寺で精進料理を学び、さらには京都の料亭で料理人としての修業も積んだ。東京に帰ってきて精進料理を使ったビジネスを開始しようと動き始めたとき、泉緒は「何か違う」と感じた。もちろん、精進料理を世界に発信することも素晴らしい仕事だ。しかし、これが本当に私のやりたいことなのか……?

悩んだ挙句、泉緒は精進料理の道を離れ、ホステスとして働くことになる。

しかし、なぜホステスだったのか。一つには、「自分が輝く仕事をしたい」という想いがあったという。パティシエや精進料理を世界に発信していく仕事も良い。しかし、自分自身を「商品」として、輝かせる仕事がしたいと考えた。

そして、「世間の常識に囚われず、自分がやりたいこと、楽しい仕事を選んでいくと水商売だった」と泉緒は言う。今までさまざまなことを経験し、体験し、取り組んできたけれど、いいところまで行くと「コレじゃないかも」と投げ出してきた。自分の好きなこと、やれることで、一度トコトンまで突き詰めてみたい。そう考えた結果、銀座のホステスにトライすることに決めたのだ。

これまで学んできたこと、ご縁をいただいて取り組んできたことは、この先、いつか繋がればいい。そう思っているという。

†自己資金のみでクラブをオープン

そして、三〇歳で銀座デビュー。この業界としては遅咲きである。失踪していた父と和解もし、いつの間にか憎んでいた存在の「銀座のホステス」に、自分自身がなっていた。ホームレス生活直後に、キャバクラのアルバイト程度の経験はあったが、銀座のホステスは未経験。それでも、一カ月でナンバーワンに上り詰めた。

「お礼のメールやメッセージを翌日早めに送るとか、会話の切り口を他のホステスと少し変えるとか、本当にちょっとしたことを淡々と続けたんです」と泉緒は言う。

まだ祖父が存命で家も大きかった頃は、老若男女が応接間に集まることが多かった。だから、人と接するコミュニケーション能力は元々高いほうだったのかも、と泉緒は自己分析する。

その後、移籍した店では雇われママとして、一日も休まず出勤。そんなある日、健康診断で初期の子宮がんが判明した。誰にも悟られないよう、手術後に入院すらせず、手術日当日から仕事に復帰した。

三五歳のとき、「Clubかわにし」のオーナーママとなる。ホステス歴も銀座歴も四年半、スポンサーなし、自己資金だけで銀座にクラブをオープンするという、異例ずくめだった。中高生の頃から質素な生活には慣れていたので、仕事で使う衣装や交際費以外は倹約し、すさまじいペースで出店資金を貯めていったという。

しかしまたしても、泉緒の身体に異変が起こる。いつものように営業開始前の準備をしていると、世界がグニャリと歪んだように見え、そのまま倒れた。脳梗塞だった。医師は

「絶対安静」を言い渡したが、泉緒はその日も出勤した。物忘れ、めまい、顔半分の麻痺で片側だけが下がってしまう、吃音などの症状が出る中、客に悟られないように必死に隠しながら働いた。

今も泉緒は、どんなにアフターが長引いて就寝が三時、四時になったとしても、七時には起床している。フルマラソンを三時間半で完走するほどの体力があるからできるという面もあるだろう。しかしなぜ、病をおしてまでパワフルに仕事を続けるのか。それは、「この仕事はやりとげたい」という、泉緒の強い想いがあるからかもしれない。

†コロナ禍を機に生まれた新店舗

二〇二〇年三月、新型コロナウイルスが銀座の街を襲った。泉緒は緊急事態宣言が発出される前に、年内はクラブの営業を行わないことを決めた。銀座の中でも、特に早い決断だった。そして、一年間の休業を経て二〇二一年三月、店舗をソニー通りから銀座八丁目の並木通りに移し、再びオープンさせた。

雇われママ、そしてオーナーママとして働いたからこそ、見えてきたこともある。たとえば、銀座に古くから残る慣習や流儀の理不尽さ。もちろん、伝統がすべて悪いものだとは考えていない。しかし、不明瞭な料金設定や、売掛のシステム、一見さんはお断りの「会員制」ではない、新しいかたちの「銀座のクラブ」を、泉緒は生み出そうとしている。

新店舗には、スタンディングバー、ソファ席、VIPルームという三種類の席が用意されている。スタンディングバーは、初めて銀座に来る方や、銀座の雰囲気を味わってみたい方に向けた席だ。他のエリアやキャバクラと比べれば多少値は張るが、銀座のクラブとしては極めて安価な値段で飲める場を用意した。

また、すべての席の料金は明示されていて、ホームページでも公開されている。何時間いて、何をどれだけ頼めばいくらになるのか、客側も把握できる仕組みを作り、安心して飲める店づくりを意識したという。

キャストの夢を応援する

また、店で働くキャストに対しても、新しい取り組みを数多く行っている。

たとえば、ライブ配信アプリ「17LIVE」と提携し、キャストの中から選抜したメンバーによる投げ銭ライブ配信を実施している。店の宣伝になるのはもちろんだが、キャストたちが自分の力で視聴者から投げ銭をもらうこともできる。活躍次第では、アイドルやモ

銀座初のアイドルユニット AMOUR BEAT のステージ。

デルとしてデビューする道も開けるかもしれない。実際、ここから銀座初のアイドルユニットとして、「AMOUR BEAT」が歌手デビューをはたし、活躍の場を広げている。

自分の夢を叶えるため、今は水商売でがんばる。そんな女の子たちを応援したい。そのためにも、会社の人事制度のように、勤務態度や売上に応じて給与が上がる仕組みや、店側で個々人の目標を設定し、その目標達成に向けてそれぞれが努力することで、店の売上も上がる、という仕組みを作った。結果、キャストたちも自発的に成果が上がるような活動をするようになったという。

他にも、キャストたちには収入の一割を投資に回すことを推奨し、投資の勉強会を開いたり、将来起業するための支援活動を行ったりもしている。

「関わってくれる人たちがより良くなるためには？と考えていったら、こういうかたちになっていったんです」と泉緒は言う。

自分の夢を追いかけるキャストたちが、店を盛り上げ、接客も工夫し、努力する。その結果、来た客は楽しく飲める。そうすれば、店やキャストの売上も上がる。それによって、キャストたちは自分たちの夢にまた一歩、近付いていく。

さまざまな人生のアップダウンを経験し、今は経営者として水商売に携わる泉緒。かつては憎しみすら覚えた「銀座のホステス」として自らも活動するかたわら、水商売で働く女性たちが自分の夢や理想を叶えていける場を提供する。そんな彼女の挑戦は、まさに今、始まったばかりだ。

4 【日本水商売協会】代表理事・甲賀香織

†私が水商売のビジネスを始めた理由

最後に私、甲賀《こうが》香織《かおり》の話をしたい。

協会の活動について、「なぜ、こんな活動をしているのか」とよく質問をされる。「なぜ」に対する理由は、いくつもある。その理由の中から、私はこう答えるようにしている。「社会に必要な役割であるにもかかわらず、他の誰もやっていないから」と。

この「なぜ、こんな活動をしているのか」という質問には、ある社会通念が含まれていると感じる。「こんな活動」という表現には「あなたの経歴なら、他の仕事も選べたはずなのに、なぜわざわざ「こんな」仕事を選ぶのか」という意図が込められていると認識している。

私は自ら志して今、ここにいる。

今まで勉強を頑張ったり、仕事で経験を積んだりしてきたのは、すべて今ここで成果を発揮するためだったのではないか、とさえ思っている。世間にどう見られるかなんて、全く気にならない。いわゆる「世間体」ということが大嫌いだ。「世間体」を気にするような自分にはなりたくない、ともいえる。

成績の良い問題児

「水商売」に関わる活動をしていると、たとえば、暴走族だったとか、ヤンキーだったとか、家庭環境に問題があったとか、中高生時代は荒れていたに違いない、と想像されるようだ。

そういう意味では、私はその想像とは真逆の学生時代を過ごしていた。

成績は極めて優秀。髪も金髪どころか、茶髪にもしようと思ったことはない。未成年のときにお酒やたばこを試したこともない。何かをさぼったり、遅刻などをするタイプでもない。ただ、一つ人と違ったことがあるとすれば、怖いもの知らずであったことだ。

日本水商売協会代表理事、甲賀香織。

中学校は地元埼玉県三郷市の公立で、一〇クラスもあるマンモス校だった。地域性もあって、色々なタイプの生徒がいた。同級生には金髪に染めたやんちゃなグループもいたし、有名高校に進学する子たちもいた。中には、後に北海道知事になる鈴木直道君までいた。本当に色々な個性が入り混じる、ユニークな中学校だったのだ。

その中で私はやんちゃなグループとも、優等生たちとも、どちらとも仲良くしていた。特別な意図はない。私にとっては同じ同級生、友達だからだ。

私自身は、成績が良いからといって従順な優等生というわけではなかった。理不尽だと感じたり、納得がいかないことがあれば、相手が先生であろうとも、先輩でも、ヤンキーグループでも、結論が出るまで折れなかった。長いものに巻かれたり、迎合したり、弱いものをいじめたりする。とにかく、そういうことが嫌いだった。そんな私を「問題児」ととらえる教師も多かっただろうと思う。

高校受験のために毎日のように塾に通い、高校は青山学院高等部に合格、進学を決める。卒業生の私が言うのもなんだが、青山学院高等部は、渋谷に校舎のあるオシャレな高校だ。幼稚園から大学まで揃っており、特に幼稚園、初等部、中等部から上がってくる子たちは、本人も家柄も洗練されていてまぶしい。それに青学にヤンキーはいない。校則が自由なため、派手な髪色や服装の子は沢山いたが、外見がどうであれ、皆秀才だ。

高校二年から三年にかけて、私は生徒会長を務めた。こうしたい、ああしたい、なぜこうなのだろう、という希望や疑問が湧いてきたら、自分で行動を起こすべきだと常々考えていたからである。むしろ、そういうときにじっとしていられない、というほうが正確かもしれない。私が「行動的」という評価をされることが多いのは、そのような思考が根幹にあるからではないかと思う。

学生時代の活動で得たものは、今も私の中で生きている。日本水商売協会の組織運営を説明するとき、「生徒会とか、部活動のような感じで運営しています」と表現することが多い。それは、日本水商売協会は、利害を超えた有志が集まって、純粋に業界のために活動をしているからだ。それはまさに生徒会や部活動のような「ノリ」だ。

✝水商売との出会い

私が水商売と初めて接点を持ったのは、大学時代である。

大学時代、私は一人暮らしをしていた。青山学院大学は当時、神奈川の本厚木駅から、さらに三〇分もバスに乗った山の上に一、二年生が通う校舎があり、自宅のある埼玉県からは通えなかったからだ。

我が家は裕福ではなく、両親は八万円ほどの生活費を仕送りしてくれていた。仕送りがあるだけ恵まれていたのかもしれない。しかし、これで賄えるのは家賃と光熱費代くらいで、あとはバイトで稼ぐことになった。

バイトで生活費を稼ぐには、授業時間以外はずっと働かなければ難しい。それなのに、私は大学でどうしてもやりたいことがあった。体育会の硬式野球部のマネージャーになることだ。当時の青山学院大学野球部は、プロ野球選手も多数輩出し、大学野球で二年連続日本一になるような強豪で、活動の拘束時間も長かった。

つまり、生活費となるバイト代を短い時間で稼ぐしかなかったわけだ。そこで選んだアルバイトがキャバクラだった。選んだ、というより他に選択肢はなかった。授業、グラウンド、キャバクラ。平日は、このルーティンの合間に睡眠をとる、という生活だった。

当時の私のように、生活費を稼ぐ必要があるが、昼間の時間、または長い時間働くことができないという状況のホステス、キャバ嬢は多い。小さい子どもがいたり、親の介護があったりなど、事情はさまざまである。

基本的に真面目で、意志の強い私は、二〇歳までお酒を全く飲まないで通してきた。キヤバクラ勤務なのに、席でお酒を飲まなかったのである。お客様に「何か飲んでいいよ」と言われたときには、さりげなくソフトドリンクを頼み、「酒を飲め」と強要されたときには、お客様を怒らせてでも、頑なに飲まなかった。ただ、これはかなり風変わりなキャバ嬢の例で、一般的ではない。

シラフの私が目にする「夜の世界」は、新鮮だった。当時、一緒に働いていた女性たちを今でも思い出す。

じゅんちゃんは同い年で金髪に染めているけれど、いつも満面の笑みで、同僚ともお客様とも楽しそうにギャハハと笑っていた。長女である彼女は家族の家計を支える立場で、稼いだお金のほとんどは家に入れていた。私にはないその逞しさと優しさを尊敬していた。

サクラさんは確か当時二一歳だったけれど、実は三歳の子どもがいるシングルマザー。お店が終わると真っ先に託児所にお迎えに行っていた。子どもの存在は隠していたようで、私も仲良くなるまで知らなかった。当時、子どもとは縁もなく、専業主婦の母に育てられた私にとって、どこにでもいる普通の可愛らしい女の子に子どもがいて、夜に託児所に子どもを預けて働いていることが衝撃的だった。

みほさんは二〇代後半なのに、みんなのお母さんのような存在で、いつも後輩たちの面倒をみてくれていた。ぽっちゃりした体型は、キャバ嬢としては不利だ。それでも根強い固定客が複数いる理由は、みほさんと仲良くなると皆、納得する。そんな魅力を持っていた。

†拭えない後ろめたさ

自分なりに信念を持って行動していても、私は水商売で働いていることに、どこか後ろめたい気持ちになっていたことも事実だった。その理由を今振り返って自己分析してみた。

第一に、仕事に取り組む姿勢がダメだった。「本当はやりたい仕事じゃないのに」「仕方がなくやっている」というような気持ちがある限り、仕事への工夫や努力という発想は生まれない。本当にダメなキャバ嬢だった。

単に自分の能力が足りなかったり、怠けていたりするだけなのに、それを「やりたい仕事ではないのに、仕方がなくやっているから」という言い訳でごまかしていた。仕事に真摯な気持ちで向き合っていないから、もらっているお給料に見合った仕事ができていないことが後ろめたかった。

第二に、親や社会からの刷り込みがあったのではないかと思う。身近に接待飲食関連に勤務する人がいなかったこともあって、水商売は別世界の人がする仕事、良くない仕事、というイメージが刷り込まれていた。このような刷り込みがされている女子は、私だけではないはずだ。

大学三、四年生のときは町田市に引っ越し、町田のキャバクラで同じように働いた。大学の四年間は、このように出来の悪いキャバ嬢として過ごしていた。

†経営を学ぶ

大学卒業からしばらく水商売を離れ、再び水商売で働き始めたのは二七歳のときである。仕事のできない社会人時代を経て、私は結婚・出産を機に会社を退職した。そして、二四歳で母親になった。乳児期の目まぐるしい毎日が落ち着いた頃、ちょうど「〇円起業」がブームだったこともあり、私は軽い気持ちで起業をした。しかし、仕事ができなかった元社会人が、急にできるビジネスマンになるわけもない。因果応報、ビジネスは微妙な売上しか上げられない状況が続き、何をしていいかもわからず悩んでいた。

そんなとき、ベンチャー・リンク（当時東証一部上場）の会長（当時）、小林忠嗣氏の著書、『「起業」のマネジメント』（ＰＨＰ研究所）と出会う。この書籍との出会いは、私にとって本当に大きな人生の転機になった。経営に対して何の勉強もしてこなかった私には、書籍の内容は知らないことだらけだった。中でも心に突き刺さったのは「無知は罪悪である」という言葉だ。まさに今の自分だと思った。

この小林さんの会社でなら、イチから経営の勉強ができるのではないかと考えた私は、すぐに中途採用の説明会に参加。そして面接へと、とんとん拍子に話が進んだ。

最終的に配属されたのは、当時はベンチャー・リンクの子会社だった「カーブス」というフィットネス事業の、スーパーバイザー（カーブスでは、メンターと呼ぶ）という役割だった。ちなみに、現在カーブスの運営会社は「カーブスジャパン」として東証一部に上場を果たしている。国内二〇〇〇店舗、世界で一万店舗を展開し、女性専用のサーキットトレーニングサービスとしてはメジャーな存在である。

カーブスは元々世界に一万店舗展開するフィットネス事業であったが、それをフランチャイズビジネスとして展開するためのライセンス取得に動いたのがベンチャー・リンクであり、実際の事業展開は、カーブスジャパンという子会社を作って行った。その後の日本における事業展開はすさまじいスピードで、フランチャイズ展開から約三カ月で一〇〇店舗を出店、約一年で会員数は一〇万人を超えた。そのカーブスの日本市場での立ち上げに参加していた私は、事業推進のリアルな厳しさを体感し、習得していった。

カーブスのメンター（スーパーバイザー）という役割は、「率先垂範」が鍵になる。「率先垂範」とは、人の先頭に立って模範を示すことだ。それは言葉でいうほど、生易しいものではない。カーブスは全国の色々な地域で毎月大変な数の店舗をオープンさせた。多いときにはひと月で五〇店舗を超えていた。その中で、自分が担当する店舗に対しては、オープン前後の一〜二週間は張り付きでサポートをする。全国、色々な地域に行った。サポート内容は多岐にわたるが、一番重要なのは目標管理だ。

目標はそれを実現できる施策・アクションまで細分化された具体的な数値が伴ってこそ初めて実現できるのであって、カーブスに携わる前までは「目安の数字」くらいに考えていた私としては、自分の認識の甘さを痛感した。

その上で、立てた目標は必ず達成しなければいけないと、期日最終日の二三時五九分まで達成にこだわってできる策を絞り出して行動した。目先の目標の積み重ねが、将来の可能性を作っていく。周りからみたら「そこまでやるか？」というような執着心で毎日深夜まで仕事をした。正直、今でいうブラック企業の典型のような働き方であったが、当の社員たちは自ら率先して自らの成長と思い入れのある事業の成功のために仕事をしているので、愚痴を言う人など一人もいなかった。そして、その仕事に対する姿勢こそが、スーパーバイザーの「率先垂範」の実践であり、フランチャイズ加盟店スタッフたちとの信頼関係の足掛かりとなった。

ベンチャー・リンクは「起業家輩出機関」と謳っている会社だけあり、皆、三年ほどで辞め、起業をしていった。しかも、先輩たちはどの業界でもとりわけ活躍をしていた。私も経営の勉強をするために会社に入ったので、次の進路は、やはり経営だと決めていた。しかし、優秀な先輩や同僚に囲まれていると、自分がどの業界なら役に立てるのか、自信がなくなっていった。

†水商売には伸びしろがある

どの分野で何をするべきだろうか……。考えた末に、ベンチャー・リンクの「ニュービジネスクリエイターであれ」という社訓が頭に浮かんだ。市場にない新たな事業を生み出すことこそ市場の課題解決につながるため価値が高い、という教えだ。その視点から学生時代に経験した夜の世界を思い浮かべだ。水商売の市場規模は巨大な割に、未開拓な部分が多く、伸びしろが大きい。その水商売の世界で、自分にできることがあるのではないだろうか。

そう考えた私は、業界関連の書籍を買い集め、業界研究を行い、自分なりの事業計画書も作った。当時から最終的な目標は今の協会のような組織を作り、運営できる仕組みを作ることだった。

現在の日本水商売協会は、「一般社団法人」の形をとっている。一般社団法人は、利益の分配こそしないものの、営利を追求する組織である。営利は目的ではないが、手段としては重要で、組織の繁栄のためには売上を立てなければいけない。ボランティア活動は、それはそれで素晴らしいことだが、質が良いスピーディーな動きをするには効率的ではない。私が目指していたのは、水商売業界のためになることを利益の上がる形で実現することであり、あくまで営利企業として事業計画書の作成を進めていた。

しかし、いくら知識を得て、完璧な事業計画書ができたとしても、現場を知らないと事業は絶対にうまくいかない。このことをカーブスでの経験で嫌というほど知っている。だから私は現場を知り、ノウハウを得て体系化し、自ら実践し証明する目的で、ホステスになることを決めた。どうせやるなら、日本の頂点である銀座でないと説得力がない。

もう迷いはなかった。カーブスの退職を決めた私は上司との面談でそれを告げる。

「実は、辞めようと思っています」

「辞めてどうすんのよ？」

「銀座で働きます。銀座のクラブで」

上司が目をぱちくりさせながら、「意味わかんないんだけど」と呆れる表情が印象的だった。

決めたら行動が早いのが、私の特徴だ。その翌日から銀座での転職活動をスタートした。まずは、業界研究のために買い集めた書籍の中から、合理的だと感じる内容を書かれていた望月明美ママのクラブ「ル・ジャルダン」に面接に行くことに決め、電話でアポイントを取った。結果的に、この最初の面接で「ル・ジャルダン」で働くことに決めた。

†銀座の高級クラブで、二七歳の私がナンバーワンになるまで

二七歳という年齢は、水商売においては遅めのスタートだ。また、私は決して容姿端麗でもなく、身長だけは高いがモデル体型でもない。顧客ゼロからのスタートであり、さらには、子どももいる。そんな私が水商売で成功できたとしたら、それは誰もが再現可能なノウハウとして提供できるのでは……と考えた。逆に、私が若くて美女だとしたら、「あ

の子だからできたのね」と他人ごとになってしまうだろう。

目標は、ナンバーワンになること。そこにこだわった。決めた目標は必ず達成しなければいけない。必ず達成することにこだわるからこそ、そこに成長があり、得られる経験がある。私はそう信じている。

そして私は必死に顧客リストとなる名刺を集め、漏れなく全員に連絡をし、土日は毎週のようにゴルフを入れ、誰よりも営業活動に時間を使った。毎朝八時に起床をし、お客様とのランチに頻繁に出かけた。一六時には店舗に出勤をし、そこでお客様に連絡をすることで、呼ばれたらすぐに出かけられるよう準備をした。

銀座で働くにつれ、業界の色々なことがわかってきた。たとえば、業界全体として「人材教育」という観点、あるいは教育する側の人材そのものが著しく欠けていること。私が働いていたお店は教育の仕組みが整っていたが、ほとんどの店でキャストに行われていた「教育」は、成績が上がらないときには「もっと頑張れ」という程度の、根性論的で、根拠の薄いものしかないケースがほとんどだった。これでは、頑張りたくても、何をどう頑張っていいかわからない。

「この仕事は、三〇歳の誕生月まで。それまでにナンバーワンになる」と入店前に決めていた私は、おかげさまで、入店一年でナンバーワンのホステスになることができた。やり方次第で誰にでもできる、ということを改めて実感した。

たとえば、「遠くの美人より、近くのブス」。冗談のように聞こえるかもしれないが、これは真理である。美人や、容姿に自信がある人は放っておいてもチヤホヤされる。そのため、接客がおざなりになってしまうことがよくある。しかし、ほとんどのお客様は、チヤホヤされに来ているのだ。自分に興味を持たない女性には、たとえその人が美人でも好意は湧かないものである。だから、「ナンバーワンホステスが、必ずしも店で一番の美人とは限らない」というのは、水商売業界では「あるある」である。

また、私は「営業メール」にも着目した。水商売では、自分を指名してくれるお客様をいかに店に呼ぶことができるかが重要だ。そのため、まずは「数」をどのくらい送れるか、が勝負である。どれだけの人数に、コンスタントに連絡をし続けられるか。実は、返事が返ってこようとくるまいと、あまり関係がない。より多くの人へ連絡をし続けることが重要なのだ。

次に重要なことは「質」の高い内容の連絡ができるかである。せっかく連絡をしても「またのご来店をお待ちしております。」という、そっけない、直接的な来店促進の内容では来店する気にはなってもらえない。

私は、こうした水商売に関するノウハウを、当時のママさんや売れっ子のホステスからどんどん吸収していった。そして、当初の予定どおり、三〇歳の誕生月に卒業。卒業の日は、お店で働く前から決めていたからその決断ができたものの、気持ちとしては辞めたくなんてなかった。それなりの収入もあるし、店の同僚やママや先輩後輩とは、たとえるなら同じ部活の仲間のような絆で結ばれ、最高に居心地が良かった。お客様も尊敬する素敵な方ばかりで、やりがいのある仕事。家族以外誰に宣言していたわけでもない卒業のタイミング。自分自身に言い訳して続けてしまおうかと、何度も迷った。

だから私は、想定よりも業界に長くい続けてしまう方に共感できるし、「出戻りが多い」という状況も理解できる。後ろ髪をひかれながらの退店となった。

その後、前職でマニュアル作成や人材教育に携わっていた経験を活かし、営業メールを一括送信できるサービスを構築し、起業した。また、「お水大学」と称したセミナーを開講し、業界全体として人材教育が不足している水商売に、「教育」という概念を導入することにした。

†営業メール送信システム

私が提供しているのは、水商売のキャストがメールを一括配信するためのウェブシステムだ。これは「キャストが楽をするためのツール」では決してない。キャストたちにとって、顧客フォローに使える時間は限られている。そのため、優先順位から漏れてしまうお客様がどうしても出てきてしまう。

仮に三年間、毎日出勤した場合。もちろん地域や業態によってばらつきはあるが、一度名刺交換をしただけのお客様は一〇〇〇人近くに上る。そうなると、日々確実に増えていく顧客に対して、コンタクトを取り続けていくことは物理的に不可能となるときが必ず来る。そして、その一〇〇〇人のうちの八〜九割は、ご来店のお礼のメール以降、一度も返信のない、無反応の方である。

頻繁に来店してくださる既存の顧客フォローに時間を使うべきだというのは、営業の基本である。しかし、既存顧客にだけ注力していると、お客様は確実に減っていく。では、どうしたらいいのか。それは、関係の薄い顧客にも、できるだけ時間を使わず、定期的にコンタクトを取り続けることが必要なのだ。そして当然、全員に同じ文面を送っている、と暗に伝えているようなBCCメールは失礼にあたる。

そこで、システムの登場なのである。メール一括配信のシステムを用いれば、メールを一通送る時間と手間をかけるだけで、顧客一人ひとりの名前を挿入し、一〇〇〇件だろうが五〇〇〇件だろうが、挨拶メールを送ることが可能になる。これによりキャストは、優先順位は低いけれど大切な見込み客である方へのフォローが簡単にできる。お客様にとっては、コンタクトが途切れることがないので、また飲みに行きたいと思ったときに気軽に連絡したり、来店することができる。

パソコンを持っていない人が多い接待飲食業の皆さんにとっては、スマートフォンで簡単に操作できる仕様が好評だ。使用すると、実際にとても久しぶりの方の再来店があり、手放せないという声をよく聞く。

†「お水大学」創設

日本水商売協会の前身ともいえる「お水大学」は、現役のママやトッププレーヤーに、自店舗を会場としてノウハウを語ってもらうセミナー事業である。先にも書いたが、仕事の仕方は「見て盗め」「努力すればできる。できてないのは努力が足りないから」という職人の世界のような、教育ともいえない教育方法が主流だった。

しかし実際は、単純にノウハウが言語化されていないことが最大の原因で、このような状態となっていたのである。

一般企業の営業チーム強化のためには、トッププレーヤーの言語や行動を分析し、詳細まで言語化し、それを皆で徹底的にまねることからスタートする。「お水大学」ではそれを自店舗だけでなく、店舗や地域の垣根を越えて披露することで、水商売業界全体の営業力が上がる。さらに、講師をしてくださるママやキャストのブランディングにもなり、結果的に良い人材の採用につながるなどの長期的なメリットが得られる。

この「お水大学」はネーミングがキャッチーなこともあり、数々のバラエティ番組に取り上げられるなど、知名度を上げていった。

キャスト、ホステスさんの中には、「頑張りたいけど、どう頑張っていいかわからない」という層が一定数いる。向上心があるのなら、真摯なその思いを叶えたい。そんな想いで、「お水大学」は拡大していった（現在は協会のセミナーと統合されている）。参加費は五〇〇〇円程度。ママやキャストは、ブランディングやキャストの採用活動のためというだけでなく、私の想いに共感して、ボランティアで講師を引き受けてくださった。店舗が会場なので会場費は無料だ。

そして「お水大学」を通して蓄積したノウハウが日本水商売協会の土台となり、その後も全国の名プレーヤーたちによってブラッシュアップされ続けている。

こうした活動を展開していくうちに、私は同じ想い、志を持った方々と業界内で知り合うことができた。水商売業界は、広いようで狭い。特に、業界の店や個人を相手にビジネス展開をする経営者の中で、私のように「業界を健全化したい」「誰でも安心して働ける職場を作りたい」「水商売にも教育が必要である」「もっと社会から認められるべきだ」といったことを言う人間は、そう多くない。だからこそ、同じ思いを持つ経営者の方々とは皆、知り合い同士であり、つながりも強固だ。

†日本水商売協会の誕生

私が本協会を設立する上で、欠かすことができない人物がいる。日本唐揚協会専務理事の八木宏一郎氏である。日本水商売協会では、顧問として、活動をサポートしてくれている。

八木氏は日本唐揚協会の設立に携わった他、日本コロッケ協会、日本コナモン協会、日本お座敷遊び協会、日本アイスマニア協会など、多岐に渡る協会の設立、運営に関与されている。いわば協会事業のスペシャリストである。

現在の日本水商売協会のような組織設立を目標として、この業界での挑戦を決めた私は、八木さんの経歴を聞いたときに「運命の出会い」とばかりに興奮した。

八木さんのアドバイスを受けて、まず私が着手したのは、協会の核となる実績も人柄も信頼できる人物を集めることだった。現在、協会理事を務めている日詰宣仁（夜職引退後の職業斡旋を手掛ける「昼職コレクション」（株）ゼロベータ代表取締役）と共に、それぞれがこれまで知り合った業界関係者に、キックオフミーティングへの参加を呼び掛けていった。

関係者一五人が集まってのキックオフミーティングでは、「業界をもっと盛り上げたい」という想いで一致した。一方で「誰のための協会なのか」という点では、意見が分かれた。

働くキャストさんのための、労働組合のような組織が必要だという意見。店舗がないと働く場所もなくなるのだから重要なのは店舗であり、店舗オーナーのための組織が必要だという意見。お客様が来店しやすいような情報開示をするための組織が必要だ、という意見。あるいは、どこに偏っても、歪みが生じるという意見。

白熱した議論の結果、働き手も店舗もお客様も、土台には社会があり、すべてが重要だという結論に達した。そこから、協会の理念は「店舗、働く女性、顧客、社会の四方向のWIN - WINを目指して」となった。水商売業界の活性化と健全化が主な活動目的だ。

協会名についても、議論は難航した。「ナイトビジネス」「ナイトワーク」「ナイトエコノミー」……。さまざまなワードが飛び交った。「ナイトビジネス」だと経営者寄り、「ナイトワーク」だと労働者寄りになる。「ナイトエコノミー」だと評論家のようだし、経済施策に特化したいわけでもない。

話し合いを重ね、最終的に出た結論が「日本水商売協会」だった。「水商売」という単語の起源は諸説あるものの、いずれも差別的な意味合いが含まれている。しかし、若い世代にはその認識が薄い。そして、英語やカタカナなどよりも「水商売」という業界を示す上でのわかりやすさを重視した。「水商

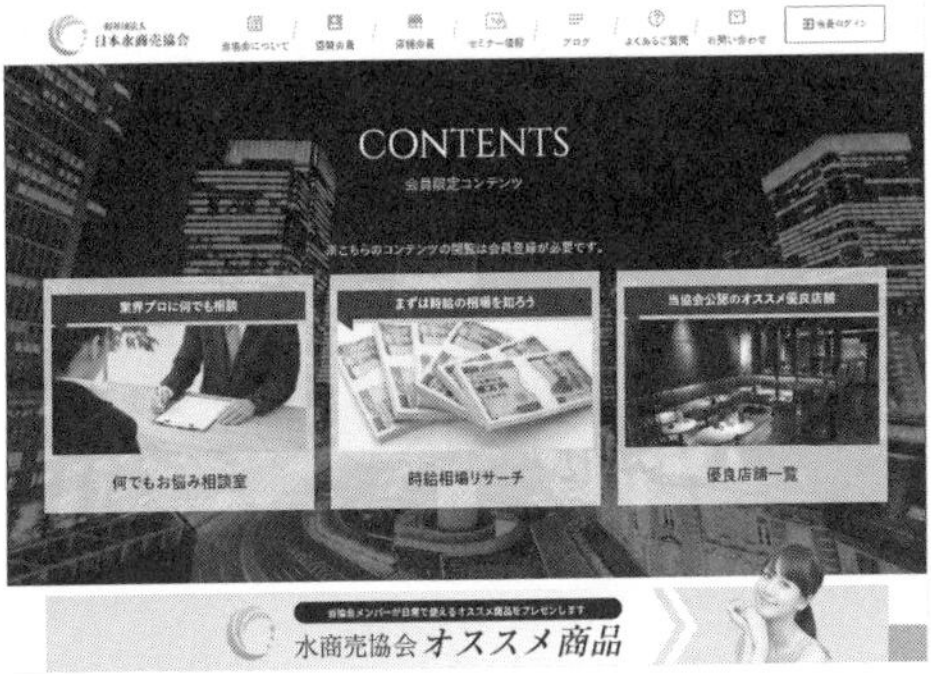

日本水商売協会ホームページ。
https://mizusyobai.jp/

売」というワードにまとわりつくネガティブなイメージは、我々が使い倒して払拭すればよい、とも考えた。

そして二〇一九年一月、協会設立お披露目会。銀座で一、二の広さを誇る高級クラブのフロアを借りて、パーティーを開催した。各地域の店舗オーナー、関連業者、メディア、さまざまな方々がお越しくださった。

本協会の特徴は、地域、業態の垣根を越えて一つの集合体であることだ。このパーティーの場がまさにそれを体現していた。

二〇二二年現在の協会の活動は、「NIGHT QUEENグランプリ」をはじめとする各種イベントの運営、仕事に役立つセミナーの運営、店舗情報の開示、法律・税の相談など、多岐にわたる。近い将来、接待飲食業界では日本一の店舗会員数、キャスト・ホステスらの個人会員数を目指している。

日本水商売協会の主たる収入源は、三つある。一つ目は、企業からの毎月の協賛費。二つ目は、毎月の店舗会員費。三つ目は、イベントなどの売上。年間を通して、現状は人件費はゼロ円計算である上に、収支がトントンになってしまっているので、三年目でもまだまだ準備段階を脱しきれていないように見えるだろう。しかし、トントンであっても売上は右肩上がりであり、規模の拡大のための先行投資を優先しているのだ。

今後特に力を入れていきたいのは、全国各地域の優良店舗だけを集めた情報を、働く女性たちに向けて開示していくことだ。これにより、安心して働ける良いお店が、意識の高いキャスト・ホステスを採用することを容易にし、より繁栄していける仕組みにしていきたいと考えている。

第五章

「夜の街」の未来

1 NIGHT QUEENグランプリ

✝日本全国のホステス、キャストがエントリー

二〇二一年一一月、当協会が主催するイベント「NIGHT QUEENグランプリ」の第一回が開催された。日本全国のホステス、キャスト、ママを対象に、女性として、プロとして、そして人間としていかに魅力的であるかを競うミスコンテスト形式のイベントである。

協賛企業には一部上場企業や大手芸能事務所などにもご参加いただき、総額一〇〇〇万円相当の特典を提供していただいた。歌唱部門の受賞者は歌手デビューできるという仕組みも用意した。また、審査員には各界から一流の方々にご協力いただくことができた。クラブNanaeの唐沢菜々江ママには、スペシャルゲストとして全面的にサポートしていただいた。

全国津々浦々からエントリーをいただき、書類選考で選ばれた方々が、セカンドステージである八月から一〇月のコンテスト期間を闘い、ファイナリスト三一名が一一月の最終

第 1 回 NIGHT QUEEN グランプリの様子。

ステージに立った。

大会当日は、たくさんのメディアが取材に訪れ、会場は高揚感にあふれていた。ウォーキング審査では、ファイナリストたちが各々の個性的な衣装で堂々としたウォーキングを披露し、スピーチ審査では仕事への熱い想いを、観客に向けて訴えていた。誰一人カンペなどの原稿を読むこともなく、心からの叫びだった。全体で五時間にわたる長丁場だったが、会場は終始ステージに注目し、スピーチに涙する人も少なくなかった。水商売のイベントだが、業界の枠を超え、「生きるとは、仕事とは、というテーマについて考えさせられた」「感動した」という感想を多くいただいた。運営側としても、感無量だ。

私はこのイベントのために何百時間を投資しただろう。プレッシャーによる悪夢にうなされ、隣に寝ている夫に何度起こされたことだろう。緊急事態宣言などの理由で、一度ならず、二度も大会は延期、仕切り直しを余儀なくされ、それでも絶対に成し遂げなければいけないと、ここまで来た。その間、妊娠、出産も経て、産後の入院中も出産翌日から病室で仕事をしていた。私だけではなく、多くの運営メンバーが、イベントの成功のために、必死になってそれぞれの役割をこなしていた。

参加者にもその想いは伝わったようだ。

†外見、内面、人気度で審査

NIGHT QUEENグランプリへのエントリーは業態別の部門に分かれており、カサブランカ部門はクラブ、ローズ部門はキャバクラまたはガールズバー、ガーベラ部門はスナックやショーパブで働く皆様にエントリーしていただいた。

また、それぞれ業界歴によって、一〇年以上のレジェンドクラス、二年以上のプロフェッショナルクラス、二年未満のルーキークラスと、クラス分けも行っている。色々な年代の方に輝いてほしいという思いから、ベテラン勢でもエントリーしやすい形にした。この業界、年齢で区切ると色々と角が立つかもしれないからと、「業界歴」として濁すことにしたのだ。

歌唱部門(コスモス部門)は他の部門との併願が可能だ。業界内には、プロ並みに歌がうまい子が一定数いる。受賞すると、受賞者のオリジナル曲がミュージックビデオ付きでカラオケJOYSOUNDに入る。コロナ禍でいまだ苦戦が続くカラオケ事業において、少しでも話題になり盛り上がればという思いがある。キャストとしては、自分の曲がカラオケに入れば、店内で、アフターで、客の前で自分の曲を歌えることとなり、ブランディング効果が見込める。

エントリー以降書類審査が行われ、スタート前のオリエンテーションでは、審査項目・基準、割合などを詳細まで公表し、公平性にこだわった。通常、コンテストの運営側がそこまで公表することはない。審査項目は大きく分けて、外見、内面、人気度に分け、中でも人気度と内面を重視する内容とした。接待飲食業で重要なのはその二点だからである。

セカンドステージ進出者は「ビューティーキャンプ」と名付けた二〇種類以上の研修を受講することになる。この取り組みに対する出席率やSNS審査、人気投票の票数、自己PR動画などの審査を経て、ファイナリストが決まる。

最終ステージでは、ウォーキング審査、スピーチ審査、歌唱部門では歌唱審査がある。各部門で、個性豊かな受賞者たちが生まれた。

†業界の革新を目指した一大イベント

なぜ、こうしたイベントを開催することにしたのか。それは、このイベントを通じて水商売業界の革新を目指したからである。

一つ目の目的は、ホステスやキャスト、ママたちの「働きがい」を醸成することだ。水商売に従事している方々が、決して「働きがい」を感じていなかったわけではない。むしろ、この業界で長く働いている人はほとんどが、皆それぞれにやりがいを持って仕事をしていることは、私自身も肌で感じている。

しかし、水商売で働くことの喜びややりがいについて、発信できる機会は皆無であった。そのため、テレビやSNSで発信される、高額な報酬、シャンパーニュのボトルがずらりと並んだ写真などのバブリーな情報や、客とのエピソードなどの面白おかしいトークから得られる以上の情報はなく、業界のイメージは固定されている。

この業界で仕事を始めるきっかけは、多くは目先のお金がほしい、あるいはまとまったお金がすぐに必要、というケースが大多数である。しかし、仕事を続けているうちに、お金以外の「働きがい」を見つけることがよくある。

日本全国のホステスやキャスト、ママたちは、客に対して善なる想いで接している人が多い。にもかかわらず世間には、そのような誠実さが伝わっていないのではないか、と感じることがある。だからこそ、仕事と真摯に向き合っている誠実さを発表する場を作りたかったのだ。

若くて、細くて、目が大きくて、キラキラした日常の、SNSに強い子だけがスポットライトを浴びる……。業界としてはそういう状態から抜け出し、芯があり、誠実な、仕事のスペシャリストに光を当てる必要があると考えたのだ。

水商売業界をリードする人材は、外見「だけ」がきれいな人ではなく、中身も伴った人であるべきだ。そして、そういうキャストの言動が世の中に発信されていくきっかけを作ろうというのが、このイベントの大きな目的の一つである。

†審査を通してノウハウを共有

次の目的として、ノウハウの共有がある。前述のとおり、この業界にはマニュアルの類がほとんど存在しない。客はそれぞれ違う人なのだから、マニュアルのようなもので一括りのサービスを提供するのは失礼にあたる、と考えている人が多いからだ。だが、私はそうは思わない。

そもそも、ノウハウは自分が楽をするためのものではなく、より質の高いサービスをより多くの人に届けることができるようにするためにある。言い換えれば、お客様のために使うものである。

現在では効率的にお客様の満足度を上げるためのツールも登場しているが、こういうシステムがあり、こういった活用方法がある、ということを知っているかどうか。これも、ノウハウの一つである。このような情報を業界全体で共有し合い、ブラッシュアップしていくことで、より魅力的なサービスを提供できるようになる。

とはいえ、各店舗同士はライバル関係にあり、ノウハウを共有し合うことは難しい。そこで、中立の立場である我々日本水商売協会が情報を吸い上げ、整理し共有していく。これが、業界団体としての我々の役割である。

セカンドステージで行われた「ビューティーキャンプ」では、エントリー者に各種研修を実施し、その過程を審査した。ビューティーキャンプでは、仕事に必要な知識、たとえばお酒の知識や食事のマナー、接遇、接客や営業のノウハウ、美容に関することなど、二〇項目以上を受講していただいた。

その結果、水商売業界で働く人材のスキルアップにつながる。そうすることで、お客様により喜んでいただけるサービスが提供できるようになり、水商売業界全体のレベルが上がることになる。これも、今回のイベント開催の大きな目的の一つである。

†水商売業界の地位向上を図る

また、今回のイベント開催を通して、業界の地位向上・イメージアップを図った。第一章、第二章でも述べてきたとおり、水商売に対しては、あまり良い印象がないという方も世の中には多い。水商売で働いていることを公にしたくないというホステスやキャストも少なくない。

水商売従事者に対する差別や偏見も、未だ根強く残っている。もちろん、このイベントを開催したからといって、すぐに世間の方々の水商売に対する見方、考え方が大きく転換するとは考えてはいない。しかし、我々はそれをあきらめてはいけないとも思う。業界の地位向上、イメージアップを目指して、自らの身を律し、問題提起し続けること自体が、業界をより良い方向へ導く原動力になる。私はそう信じている。

†店舗やキャストをブランディング

最後に、店舗への集客という目的もある。コロナ禍を経て、接待飲食業界の市場規模は大幅に縮小した。では、接待飲食業がこの世から消えてなくなるかといえば、それもまた考えにくい。しかし、我々は次なる成長のために手を打っていく必要があるのだ。

市場の縮小から拡大に向かうためには、これまでにない大きな工夫が必要だ。かつてバブル期には、接待飲食業は成長・拡大し、栄華を極めた。しかし、時代は大きく変化した。そして、コロナ禍の大ダメージが業界全体を襲った。今までどおりの営業活動や取り組みをしているだけでは、業界全体をもう一度盛り上げ、再興させることは難しいだろう。時代の変化に適応していくためには、常に新しい顧客層を開拓し続けなければならない。

そのためにも、集客方法から見直す必要がある。従来は、会社の上司から部下への紹介や、路上での呼び込みなどが主だった。また、場合によっては既に顧客が付いているキャストを引き抜く……といったことが行われることもあった。しかし、こうした旧態依然としたやり方は、これからの時代には通用しないだろう。上司と部下が接待飲食店に行く機会は激減しているし、路上でのキャッチ行為は違法である。キャストの引き抜き合戦も、業界全体を活性化させる、という視座から見れば、決してプラスとはいいがたい。

では、これからの時代に重要なことは何か。一つは、店舗やキャスト個人のブランディングである。その店、あるいはそのキャストをめがけて、顧客が来店してくれる。そんな店作りや、キャストの育成が急務である。そのためにも、顧客への直接営業活動は引き続き必要になる。

今回のイベントは、店やキャストのブランディングにもつながれば、という想いで開催した。「NIGHT QUEENグランプリ」は、日本水商売協会が主催するイベントである。しかも、日本全国のホステスやキャストがエントリーし、ナンバーワンを競うという、水商売業界としては極めて大きなイベントである。そんなイベントにエントリーしているということだけでも、ブランディングにつながる。また、前述の研修「ビューティーキャンプ」を受けていただくことで、接客の質は確実に上がる。そうなれば、自ずと店舗への集客にもつながるはずだ。今回のイベントは、それだけさまざまな効果を期待しての開催だったのである。

そして、あえて表には出していないが、店舗にとってブランディングは客へのアプローチ以上に重要な役割がある。人材の採用である。

接待飲食業において、店舗の売上を大きく左右するのは人材の質である。人が人を接待する、サービスする業態である以上、そのサービスを提供する人材の質が、売上に直結することは火を見るより明らかだ。しかも、このコロナ禍の影響を受け、水商売に従事するキャスト、ホステスの総数は激減している。店舗経営者たちは、優秀な人材を確保するた

コスモス（歌唱）部門の審査の様子。

めに少なからず頭を悩ませているはずである。

そんなときだからこそ、「NIGHT QUEEN グランプリ」に自店舗のキャストがエントリーし、表彰されることは非常に意味のあることである。まず、店舗としては自店舗のレベルの高さを全国に示すことができる。そして、「憧れの○○さんが働いている店舗で仕事をしたい」という女性が集まってくるようになる。そして、質の高いキャストがいる店舗には、確実に客が集まる。客が集まる店には働きたい女性も集まる。この好循環を生み出すことができるはずなのである。

二〇二二年の「第二回 NIGHT QUEEN グランプリ」の会場も既に予約済みだ。国際フォーラムの大きな会場で、規模は五倍になるだろう。

2 「夜の街」のあるべき姿とは

†水商売業界の課題

ここまで紹介してきたとおり、水商売業界、「夜の街」は、多くの課題を抱えている。業界内部の問題もあれば、業界に対する偏見や差別、無理解によるものも多くある。そもそも、業界の全体像を誰一人として把握しきれていない、という課題がある。日本全国に「水商売」に分類される接待飲食店が何店舗あり、そのうち業態ごとの数はどうなっているのか。この業界に従事している人口はどれほどいるのか。こういった数字を誰も把握していない。

次に、経営者の倫理観にも課題がある。もちろん、業界内にはきちんと法律を遵守し、クリーンな経営を目指している経営者もたくさんいる。しかしその一方で、無届営業や申請とは異なる実態での営業（実際の店舗責任者が申請の内容と異なるなど）といったことが日常的に行われているのも事実である。

経済活動とは切っても切り離せない「納税」に関しても、水商売業界はかなりグレーな部分が多い。税務調査が徹底されておらず、また小さな店は特に短期間で閉業してしまうことも多いので、税務調査の手が回っていないという声も聞こえてくる。

さらには、水商売の経営者の中には、申告するつもりがないのに「福利厚生費」や「源泉徴収費」といった名目でキャストの報酬からお金を天引きし、荒稼ぎをしているケースもあると聞く。これは経営者がもちろん悪いが、自分の給与や税金の支払いがどういう仕組みになっているかを知らないまま放置しているキャストにも問題がある。税金を支払うことの重要性をキャストにも啓蒙し、納税の仕方がわからなければ講習会を開催したり、税理士を紹介したりといった対策を講じる必要があるだろう。

こういった現実が「水商売で働く人は税金を払っていない」「ヤクザや反社会的勢力と繋がっている」という誤った認識を作り上げ、「水商売はダーティな業界である」というイメージを生んでしまっているのが現状ではないかと考えている。

第二章で若林弁護士が指摘したとおり、風営法は戦後の混乱期の一九四八（昭和二三）年から、大きな改正もないまま今に至っている。そして、実態に合わない法律やルールを改正しよう、という機運が高まっているとは、今はまだいえない。しかも、ルールを守っていない店舗が野放しにされているために、ルールを守る店舗が損をしている。結果として、ルールを守らない店舗のほうが儲かるような仕組みになってしまっている。

だからこそ、店舗は納税の義務も含め、法律やルールを遵守するのが当たり前、という文化を業界全体で作り上げていく必要がある。また、違法行為を行っている店舗に対しての行政による取り締まりを徹底することも急務である。そうすると、法律やルールを守る店舗が繁盛する。そうすることにより、街全体が安心安全になり、活性化していく。この好循環の状態にしていくことが、水商売業界全体で取り組むべき課題であると私は考えている。

†差別と偏見を乗り越えていく

水商売に従事する人々への差別や偏見は、いまだに根強いものがある。しかし、少しでも誤解が解け、偏見が解消されれば、大卒者の「就職先」として水商売業界の企業が選ばれる時代が来るかもしれない。事実、波戸崎氏が経営するすすきののニュークラブグループ「バルセロナ」では、東大や京大を始めとする有名大学出身の新卒者を積極的に採用している。

偏見や差別がなくなっていくと、今まで以上に倫理観の高い人たちが水商売の業界に入ってくることが予想される。そうなれば、水商売がビジネスとして、職業として認知され、確立されることにもつながっていく。業界全体が大きく変革するきっかけにつながるはずである。

これは、決して店や業界にとってだけ、プラスになることではない。質の高い人材が水商売業界に増えれば、お客様側は自ずと質の高い接客・サービスを受けられることになる。となれば、紹介やリピートが増え、市場規模が拡大する。市場が活性化すれば、納税額も上がる。こうした状態を実現していくことは、社会全体にとってプラスになるはずだ。

しかし、残念ながら、今はこれらとは逆の状態にある。悪循環に陥る環境が我々を取り巻いているのである。

「水商売はダーティな業界」という差別や偏見が存在する以上、「水商売で働いていることを知られたくない」という意識が働く。そうなると、水商売に従事する人々は、並々ならぬ覚悟を持って家族への説得を行うか、徹底的に隠しとおすかのいずれかを迫られる。

つまり、水商売の業界で働くことには、一般企業に比べて高いハードルが存在することになる。

この状態では、能力の高い人材が水商売業界で仕事をすることは極めて難しい。すべての店がそうではないし、むしろ現状を打破しようという経営者が多くいることも事実だが、一部の店舗では、社会からの偏見や差別、先入観どおりの店舗を作り出してしまっている。そして、その事実によってさらに差別や偏見が深まる。結果、女性の働く場が縮小され、搾取の対象にされてしまうことも起こっている。

接待飲食業は、現在でも極めて大きな市場規模を持っている。しかも、そのポテンシャルはまだまだあるといえる。そんな接待飲食業の未来を正しい方向に進めていくためには、社会の友好的な姿勢が必要不可欠だと私は考えている。我々がいくら声高に叫ぼうとも、我々だけの力では現状の流れを変えることはできない。

†日本経済復興の鍵に

内閣府の中には「男女共同参画局」という組織があり、女性の活躍促進に向けたさまざまな取り組みや活動が展開されている。厚生労働省の資料でも、日本社会においては女性の活躍推進が求められる、としている。「女性が活躍できる社会の実現」が、国の掲げる戦略なのである。もし、そうだとするならば、水商売業界も女性が活躍できる環境を提供できるのは間違いない。

水商売には、シングルマザーや低学歴層、トランスジェンダーなど、一般的な仕事に就業しにくい人々も多く従事している。こういった女性たちの中にも、能力が高く、また働く意欲もある人たちはたくさんいる。水商売が、こうした女性たちの受け皿、活躍の場として機能してきたことは疑いようがない事実である。さまざまな事情で昼の仕事に就くことが難しい女性たちが快適に、やりがいを持って働ける環境が整えば、今まで埋もれていた才能、能力の掘り起こしにつながるだろう。

また、現代では業務のIT化が進み、かつて人が行っていた業務をコンピューターが行っているケースが増えてきている。しかも、人件費の安い外国人労働者も多く流入するなか、日本人の労働場所は如実に減ってきているのだ。そんななかでも、接待飲食業はコンピューターや外国人労働者に代替できない仕事であり、今後より一層重要な労働先となっていくはずだ。そういった意味でも、国の掲げる経済戦略の一環として、真摯に向き合っていくべきではないかと考える。

水商売業界全体が盛り上がり、質の高いサービスを提供できるようになれば、直接的な経済活動という側面からも、また税収の増加という意味でも、国を支える一大産業になり得るポテンシャルを秘めている。

加えて、海外のお客様が来日し、接待飲食店でサービスを受ける、という新しい旅の楽しみ方の提案ができるかもしれない。日本は元々「ゲイシャ」の国としても海外から認知されている。水商売のホステス・キャストたちはいわば現代の「ゲイシャ」である。海外のお客様が日本の水商売で遊び、そのサービスレベルの高さ、きめ細やかさに感動した、という話も聞く。そうなれば、水商売は外貨獲得の手段にもなり得る。

そして、水商売は日本経済を支える経済人、企業人たちが疲れを癒し、明日への気力を養う大切な空間でもある。今まで以上に水商売業界が活気を増し、より良い接客、サービスを提供できるようになれば、日本経済がさらに活性化するのではないだろうか。そうすれば、さらに経済の循環は大きくなる。私は、日本経済が復興する鍵は水商売にある、と、真剣に考えているのである。

コラム　NIGHT QUEENグランプリ受賞者のスピーチ

第一回NIGHT QUEENグランプリでは、スピーチ審査が行われた。水商売業界で働く女性たちの輝きが伝わる素晴らしいスピーチの数々を、ここで紹介したい。

†カサブランカ（クラブ）部門グランプリ・関口あや

関口あやさんは、会場に一一歳の息子さんとお母さまを招待されていた。業界にシングルマザーは大勢いるが、そのことを隠されている方も多い。しかし、あやさんのように、シングルマザーであることを堂々と公言していても、売れっ子になることは可能だ。いや、むしろ、隠さないほうが応援してもらえると思う。あやさんのスピーチは、全国のシングルマザーの方々に勇気を与えるものだった。

＊＊＊

カサブランカ部門グランプリ、関口あやさん。

銀座のクラブ「Nanae」のホステス、関口あやです。

まず、この大会を開いてくださった関係者の皆様、そして、貴重なお時間をいただき応援の為に駆けつけてくださった皆様、本当にありがとうございます。

皆さんにお聞きします！（皆さんの）原動力ってなんですか？　きっと、なにかしらあると思います。今日は私にとっての原動力についてお話しさせていただきます。

夜の仕事は一八歳のとき、埼玉大宮のキャバクラからスタートしました。二年後には歌舞伎町に移籍しましたが、その後、二二歳でシングルマザーになりました。離婚してすぐの頃は生活保護を受けましたが、子どもが保育園に通いだしてからは、お金で不自由はさせたくないという気持ちで必死に昼夜働きました。

そして、四年前にななえママと出会い、「Nanae」に入店。シングルマザーでも夜の世界でパワフルに活躍するママを見て、私もより頑張りたいと思いました。

NIGHT QUEENグランプリのお話をいただいたときは、すぐに「やります！」と返事をしました。理由は、息子が背中を押してくれたからです。

必ず優勝して、揺るがない原動力である息子にかっこいいところを見せます！

最後まで応援よろしくお願いいたします。ご清聴ありがとうございました。

†ローズ（キャバクラ・ガールズバー）部門グランプリ・市川あず沙

接待飲食業で働く女性たちの多くはコロナによって収入が激減し、離職を余儀なくされた方もいる。そんな方々の新たな挑戦の場として活性化した市場がライブ配信だ。

あず沙さんは現在、そのライブ配信に取り組んでいる。ライブ配信の顧客層は、繁華街を訪れる顧客層とは異なるため、一般的にはほぼゼロからのスタートとなる。しかし、コミュニケーション能力に長けている業界の女性たちは、ライブ配信業界でも、売れっ子になる方が多いという。

あず沙さんは、コロナ禍が明けた後に、ライブ配信と店でのコミュニケーションの相乗効果で市場を拡大、活性化させることができるのではないだろうか。

＊＊＊

ローズ部門グランプリ、市川あず沙さん。

福岡県の中洲にあるバー「high scene」（ハイシーン）の、ふーりんこと市川あず沙です。

コロナ禍で変化したことが私の中で二つあります。

一つ目は、働き方。

ライブ配信ってご存知ですか？　私の務めるバーは中洲にあります。ライブ配信者に会えるバー「high scene」のキャストは、みんなライバーといわれる配信者です。普段は携帯越しに見ている女の子たちに会えるバーなんです。

ライブ配信は時間も場所も選ばない新しい働き方。新しい集客の仕方。お客様との新しい付き合い方。

そんなライブ配信を、このコロナ禍で疲弊した夜のお仕事の女の子たちに知ってもらいたいと思っています。きっと貴方の味方になるから。

二つ目は「綺麗」ということ。

私は今まで、完璧な私が好きでした。ですが今、コロナの後遺症で髪の毛がありません。

今日はウィッグをつけています。抜け落ちていく髪を見ては毎晩泣きました。鏡に映る私を受け入れることができずにいました。恥ずかしいとさえ思っていました。

ですが、違いました。ありのままの私を受け入れるということが、一番の美しさだということ。一番の魂の輝きだということ。弱いところも愛し、自分を大事にすることで、美しくなるんだということに、気づかせていただきました。

私にできることは、夜から日本を明るくすることです。悩んでいる人の一筋の光となりたい。私に、私たちにできることは何なのか、今こそ気づき行動するべきです。

私は今日も気づきをくださる大事な人のために、私の価値ある時間を投資いたします。


†ローズ（キャバクラ・ガールズバー）部門準グランプリ・おまつり

おまつりさんは、ビューティーキャンプから急にフェードアウトしてしまった参加者だ。自己PR動画も提出していなかったが、最後の最後に、「実は……」と、四〇回も撮り直した動画の跡を見せていただいた。自分に自信を持つことができず、提出することができなかったそうだ。

コンテストの二週間前に行われたファイナリストを内定する会議では、「おまつりさんは、諸々のポイントが足りないので落選だろう」という意見で一致していた。ところが、気迫に満ちたそこからの追い上げで、最終的にはファイナリストの座を勝ち取り、準グランプリにまで選ばれた。

彼女のスピーチからは、成長実感こそが自信の最大の土台となるということ、そして、自分を変えられるのは自分しかいないということが感じられる。

＊＊＊

新宿歌舞伎町「KINGDOM QUEEN」（キングダムクイーン）のおまつりです。

私はもともと、このコンテストを辞退するつもりでいました。理由は、どうしても自分に自信が持てなかったからです。こんな華やかなステージに、自分が立つことが、許せませんでした。

ではなぜ参加したのか、お話しします。

このコンテストでは、参加者全員が美容に関することやお酒の知識、マナーなどについて学べるスキルアップ講座を二〇種類以上受けることができます。たとえグランプリになれなくても、その講座を受講し、今後の自分の成長に繋がるだけで価値があると考え、参加しました。

コンテストは一一月上旬に開催されますが、一〇月には今勤務しているお店を辞めて、韓国に行って整形する予定を立てていました。そのため私は、SNSの頑張りが評価されることを知っていたにもかかわらず、オンライン投票期間中も、SNSで投票のことに関してお知らせしたり、普段の様子を更新するといったことを、一切してきませんでした。ですが、とあるお客様にそのことをお話ししたとき、「君は大切なことから逃げている」と言われました。

「今この世の中で、自分に自信が持てなかったり、コンプレックスが生きづらさに繋がったりということは、きっと誰もが感じていることだと思う。だけど、それを言い訳にして何かを諦めるのは間違っていると思うんだ」

お客様はそうおっしゃられました。

私はそこで気づきました。誰もが一人ひとり長所があって、外見や容姿などで人間性を評価されることはないと。いや、わかっていたはずなのに、他人と自分を比べて落ち込んだりして、いつの間にか自分のことを愛するということが、できなく

ローズ部門準グランプリ、おまつりさん。

なっていました。

私はそのとき考えを改め、計画していたことをすべて捨てて、コンテストを最後までやりきることを、決断しました。


オンライン投票の二週間前にして得票数最下位。中間発表でもファイナリストには選ばれず、たくさんのお客様に頭を下げました。遅すぎるスタートでしたが、たとえファイナリストに選ばれなくても、最後までやりきろうと決めたので、頑張ることができました。

私に協力してくださったお客様一人ひとりが、私のことを心から応援してくださり、票を入れてくださいました。

今私がここに立っているのは、応援してくださった方々のおかげです。あのとき、背中を押してくださったお客様には、感謝しきれません。この場を借りて、お礼申し上げます。

最後になりますが、ファイナリストに選ばれた以上、自分が思う素敵な女性でいられるように、笑顔で明るく、最後まで全力を尽くしたいと思います。ご清聴、ありがとうございました。

†ローズ（キャバクラ・ガールズバー）部門準グランプリ・沙織

沙織さんが経営するラウンジのように、コロナ禍に見舞われる直前に開店した店舗は全国にたくさんある。いつ終わるかもわからない休業要請や時短要請が繰り返されるなか、経済的にも、精神的にも、とても苦しい思いをされたと思う。今でも苦しい最中かもしれない。お店を持つということは、多くの方にとっては人生の一大決心であり、一大投資だ。だからこそ、沙織さんに「頑張って続けてよかった」と心から笑える日が一日でも早く訪れることを願っている。

＊＊＊

新潟県長岡市の「NIGHT LOUNGE ATHENA」（ナイトラウンジアテナ）というラウンジのオーナーママをしている沙織です。

私はもともと夜の商売はアルバイトで、昼間は営業職をしていました。安定したお給料をもらって何も不自由なく暮らしていましたが、兎にも角にも刺激が足りない！　そう思い、昼間のお仕事を辞めて本格的に夜の世界に足を踏み入れたのは三年前。やっとの思い

ローズ部門準グランプリ、沙織さん。

で、独り立ちしようとお店を開店させたものの、開店から一カ月後には一回目の緊急事態宣言が発令され、休業。街からネオンが消えました。

お客様からは、「会社のルールで行きたくても行けない」「行きたくても、会社や社会の目があるからお店に行けない」と言われ、現実の厳しさに何度も挫けそうになり、閉店さえも考えました。

それでも、「お店の居心地が良い」「こんなことで負けるママじゃない」「潰れて欲しくないから、ママ負けないで頑張ろう、応援するよ」と言っていただけるお客様に支えられて、今もお店を続けることができています。

NIGHT QUEEN グランプリに出場して、私が伝えたいことは一つ。

世の中の状況がどんなに変化しようとも、どんな業種であっても、みんなが皆、それぞれの方法で模索しながら頑張っているということです。

私一人が行動に移したところで、何も変わらないかもしれません。でも、何も行動せずにじっと耐えているだけなんてできません。

そして負けず嫌いな私ですから、今日この日のために投票や、お店を応援してくださった皆さんに恩返しができるよう、今日私は一位をとって新潟に戻りたいと思います。

落ち着いた頃、会場の皆さん、そしてライブ配信でご覧いただいている皆さんと、お酒を飲んで楽しく過ごせる時間が戻りますよう、私に今できることを頑張りたいと思います。


†ガーベラ（スナック・ショーパブ）部門グランプリ・みき

全国の繁華街には、それぞれ「村」のような「絆」がある。街を愛し、店を愛し、仲間を愛し、同業に敬意を払いながら、働いている。そんな環境だからこそ、お客様方は心を許し、楽しく飲んでいただけるのだと思う。

みきさんが、業界内の自浄作用の一端を担ってくれている姿はカッコいい。地域や業態の枠を超え、今こそ業界一丸となって、同じ志の下で「夜の街」を盛り上げていけることを願っている。

＊＊＊

横浜市にある、福富町という町でスナック「MYSTIQUE」（ミスティーク）を経営して

ガーベラ部門グランプリ、みきさん。

おります、みきです。

皆さんは、夜の街にどのようなイメージをお持ちでしょうか。私は夜の街で、胸を張って商売しています。

コロナを機に、「夜の街」という言葉がニュースで飛び交いました。そして、何かよくないことが起きると、「また夜の街か。どうせ飲み屋だろ……」と言われてきたと感じています。

でもこれはきっと、コロナ騒動の前から。世間からはそんなマイナスなイメージを持たれてたということなのでしょう。たしかに、飲み屋さんを経営している人の中には、自分の店のすぐ前の道路でポイ捨てをするような人もいます。モラルが低いですよね。そんな人を見ると私はつい注意してしまいます。

「自分が働いている街くらい汚さないでください。拾ってください」

優しく伝えるのですが、だいたい怒られます。

「俺を誰だと思ってるんだ。ここのホストクラブの社長だぞ」

たとえばこんなふうに言われることがあります。

「お店という城を構える一国一城の主なら、従業員やお客様に見られても恥ずかしくない姿で街を歩いてほしい」。これが私の願いです。

みなさんはどんな大人でしょうか。誇りをもってお仕事されていますか。

もちろん、カッコいいところも、そうじゃないところも、いろんな顔があるのが人間です。そして、そんな喜怒哀楽をさらけ出せるのが、夜の街の魅力であり、この仕事特有の受け皿の大きさだと思っています。

だから私はこの仕事が大好きなんです!!

今日このステージに立つまでには、当店のスタッフやお客様をはじめ、たくさんの方々に応援していただけました。福富町一、愛されているスナックと自負しております!

私はこれからも、夜の街の希望となるようなステキなお店作り、そして街づくりを続けていきます。

†審査員特別賞・マダムトモヨ

夜の街には、さまざまな年代の方が働いている。個性的でユニークな方が多く、笑いの絶えない時を過ごすことができる。自身を「高齢者」と言いながらも、六二歳でラップ歌手としてデビューするなど若者顔負けのチャレンジ精神と優雅さと独創的なユーモアのセンスで、エントリー直後から本番まで皆を爆笑の渦に巻き込んでいたマダムトモヨさん。グランプリのために、パーソナルトレーナーをつけて筋力トレーニングにも励んだそうだ。

大会当日は、義娘さん、お二人のお孫さんが応援にかけつけ、いきいきと働いているトモヨさんは、親族からもスナックのママとしての仕事を応援されていた。

高齢化が進んでいるなかで、トモヨさんのように輝き続ける働き方ができるのは、スナックならではなのかもしれない。

＊＊＊

ごきげんよう！　六本木ぽっかぽか、マダムトモヨでございます。

「出会いは必然、出会いはチャンス、出会いは感謝でございます！」をモットーに、二〇〇六年五〇歳のときに、人生まだまだこれからだと思い、六本木星条旗通り沿いにスナック「ぽっかぽか」をオープンいたしました。

ご縁に恵まれて、六二歳のときにマダムトモヨとして、ラップ歌手デビューも果たしました。夢は紅白歌合戦出場でございます。

今年（二〇二一年）八月一二日、私の誕生日にマダムトモヨ第四弾「ヴィンテージ」をリリースいたしました。YouTubeでも観られますので、チェックしていただけましたら嬉しいです。

「せば」「ねば」「でも」「無理」に囚われず、お客様や世の中の人々が少しでも前向きな気持ちになってくださったら嬉しいです。

審査員特別賞、マダムトモヨさん。

六本木で、一五年間お店をやらせていただき、ふところの深い六本木でたくさんの愛をいただきました。NIGHT QUEENグランプリの出場を通し、夜の街のイメージ向上と、六本木の街に活力を与えられたらと思っております。そして、四七都道府県の水商売の方々に出場していただき、夜の街の応援歌を作り、夜の街のイメージアップを図ってまいりたいです。いくつになってもチャレンジ精神を忘れず、突き進みます。

どうぞ応援よろしくお願いいたします。

マダムトモヨでした。ごきげんよう。

あとがき

二〇二一年九月、この本を執筆中に私は出産をした。四人目の子だ。入院中の産婦人科のベッドでも新生児を左手に抱きながら、右手だけでキーボードを打っている。タイピングも遅いし、ミスタイプもする。泣いてぐずったら、中断せざるを得ない。効率も悪いし、正直本当に大変な状況だ。

それでも、私には業界の真実を世に伝えるという任務を果たす必要があった。私が出産したからといって、当然ながら、世界が止まっていてくれるわけではない。業界の放置された問題は日々深刻になるものだし、コロナを取り巻く状況は時が解決してくれるとも限らない。出産という私的な事情で、問題解決を遅らせるわけにはいかないのだ。それに今、このタイミングだからこそ伝わるものがある、そう信じている。

感染症対策の名を借りて「夜の街」差別が行われた時期、私は行政やメディアとの折衝の前線に立った。私自身が矢面に立つことで傷ついた店舗や個人を守りたい、そんな一心で、取材では記者が深く理解をしてくれるまで、どれだけでも説明をした。業界を守りたい気持ちもあったが、すべての物事に対し、偏見なく理解し分析することでしか、この未知なるウイルスとは戦えないと考えていた。コロナ禍における日本人は、それぞれの正義感に突き動かされ、衝突や分断を繰り返した。思考の土台が正義感だからこそ、人々の剣は敵とみなしたものを容赦なく刺そうとしたのかもしれない。私はそんな状況が心底悲しかった。

赤ちゃんのキラキラした目を見ていると思うことがある。すべての人間は例外なく、この子のように何もできない、何も知らない、ただ愛情だけを求める赤ん坊が起源だということを。そこから生育の過程で環境や、周りの大人によって、さまざまな価値観、それぞれの人生に分岐していくことになる。子どもの目に映る世界は、いつまでも希望の光で満たされていてほしいし、周りのお友達には優しさと思いやりを持って接してほしい。子どもの可能性は無限であるはずだ。世界中すべての子どもに対して、そう思う。

その思いと同じように、私は業界の皆様にも、それ以外の日本人にも、地球上すべての人に、希望にあふれる明るい世界を生きてほしいと心から真剣に願っている。

長きにわたる水商売業界への偏見や差別の思想が、コロナ禍によって浮き彫りになったことで、今こそ根底から問題解決をするべき時代に突入した。業界側の問題解決と同時に、社会側の問題の存在にも目を向けていただき、社会の皆様の良心によって解決に向かっていくことを願ってやまない。

本書にご協力いただいた、歌舞伎町ジャーナリスト協会相談役でもある寺谷公一さん、グラディアトル法律事務所の若林翔弁護士、「バルセロナ」グループの波戸崎崇さん、元ホストの皐月さん、銀座「CLUB AMOUR」の河西泉緒ママ、銀座クラブ「ル・ジャルダン」の望月明美ママ、六本木「ミトス」グループの西村一雄社長、「SMAPPA!!」グループの手塚マキさん、協会理事の日詰宣仁さん、同じく協会理事の今井慎さん、協会顧問の八木宏一郎さん、協会相談役を務めるユナイテッドアークスの白幡武司さん。そして、素晴らしいサポートをしてくださった、ちくま新書編集部の藤岡美玲さんに心からの感謝を申し上げたい。

甲賀香織

制作協力

グラディアトル法律事務所（代表弁護士　若林翔）
https://www.gladiator.jp/fuzoku-komon/

汐留社会保険労務士法人（代表社員　今井慎）
https://www.shiodome-sr.jp/

昼職コレクション（運営：株式会社ゼロベータ　代表取締役　日詰宣仁）
https://hirucolle.com/

歌舞伎町ジャーナリスト　寺谷公一
歌舞伎町【公式 facebook】https://www.facebook.com/kabukicho.jp
ポータルサイト KABUKI 町　http://www.kabukicho.or.jp/

株式会社　バルセロナ（CEO　波戸崎崇）
https://www.barcelona.co.jp/recruit/ceo-message/

皐月 Instagram
https://instagram.com/satsukitty0406?r=nametag

CLUB　AMOUR（オーナーママ　河西泉緒）
https://club-amour.tokyo/

SATSUKITTY0406

一般社団法人日本水商売協会
https://mizusyobai.jp/

NIGHT QUEENグランプリ
https://nightqueen.jp/

株式会社ユナイテッドアークス（代表取締役　白幡武司）
http://unitedarcs.jp/

LEGEND Jr.（運営：株式会社True Heart）
https://true-heart.co.jp/legend-jr/

TAKESHI.SHIRAHATA

ちくま新書
1640

日本水商売協会《にほんみずしょうばいきょうかい》
——コロナ禍《か》の「夜《よる》の街《まち》」を支《ささ》えて

二〇二二年三月一〇日　第一刷発行

著　　者　甲賀香織（こうが・かおり）

発 行 者　喜入冬子

発 行 所　株式会社　筑摩書房
東京都台東区蔵前二-五-三　郵便番号一一一-八七五五
電話番号〇三-五六八七-二六〇一（代表）

装 幀 者　間村俊一

印刷・製本　三松堂印刷　株式会社

ISBN978-4-480-07467-6 C0236

ちくま新書

1067
男子の貞操
——僕らの性は、僕らが語る
坂爪真吾
男はそんなにエロいのか？　初体験・オナニー・風俗・童貞など、様々な体験を交えながら、男の性の悩みを一刀両断する。学校では教えてくれない保健体育の教科書。

1226
「母と子」という病
高橋和巳
人間に最も大きな心理的影響を及ぼす存在は「母」であり、誰もが逃れられない。母を三つのタイプに分け、それぞれの子との愛着関係と、そこに潜む病を分析する。

1459
女のキリスト教史
——「もう一つのフェミニズム」の系譜
竹下節子
キリスト教は女性をどのように眼差してきたのか。聖母マリア、ジャンヌ・ダルク、マザー・テレサ……、世界を動かした女性たちの差別と崇敬の歴史を読み解く。

1075
慰安婦問題
熊谷奈緒子
従軍慰安婦は、なぜいま問題なのか。背景にある戦後補償問題、アジア女性基金などの経緯を解説。特定の立場によらない、バランスのとれた多面的理解を試みる。

1613
夫婦別姓
——家族と多様性の各国事情
栗田路子／冨久岡ナヲ／プラド夏樹／田口理穂／片瀬ケイ／斎藤淳子／伊東順子
「選べない」唯一の国、日本。別姓が可能または原則の各国はどう定めている？　家族の絆は？　「選べる」の実現に向けて、立法・司法・経済各界との討議も収録。

1164
マタハラ問題
小酒部さやか
妊娠・出産を理由に嫌がらせを受ける「マタハラ」が、いま大きな問題となっている。マタハラとは何か。その実態はどういうものか。当事者の声から本質を抉る。

1302
働く女子のキャリア格差
国保祥子
脱マミートラック！　産み、働き、活躍するために必要な職場・個人双方の働き方改革を具体的に提案。育休取得者四〇〇〇人が生まれ変わった思考転換メソッドとは？